E.T. PHONE HOME

Have a good trip!

August
12/thursday
1982.

THURSDAY

8matérias
160 folhas

matéria LEGIÃO URBANA
professor Urban Legion · Legion Urbaine

matéria HOW TO SKIP CLASS AND NOT BE ABSENT
professor Johnny Goo

matéria HOW TO SCORE GRASS (without leaving home)
professor Alice B. Toklas P.h.D. (POT·HEAD DIRECTOR)

matéria S & M, I
professor Ricky Hitler

matéria Auto·Fellatio Acid Test ROOM 863
professor Lydon, Lydon and Lydon LTD.

matéria How to play Punk guitar without fingers
professor Lenny Leper (of L.L & the Gangrenes fame)

matéria COMMUNISM, I
professor The Hell's Angels Community

matéria HEROIN ADDICTION IN TWO·HOURS
professor Richards, Thunders and Snoopy.

nome
classe _____ **n.** _____

	segunda	terça	quarta	quinta	sexta	sábado
1						
2						
3						
4						
5						
6						

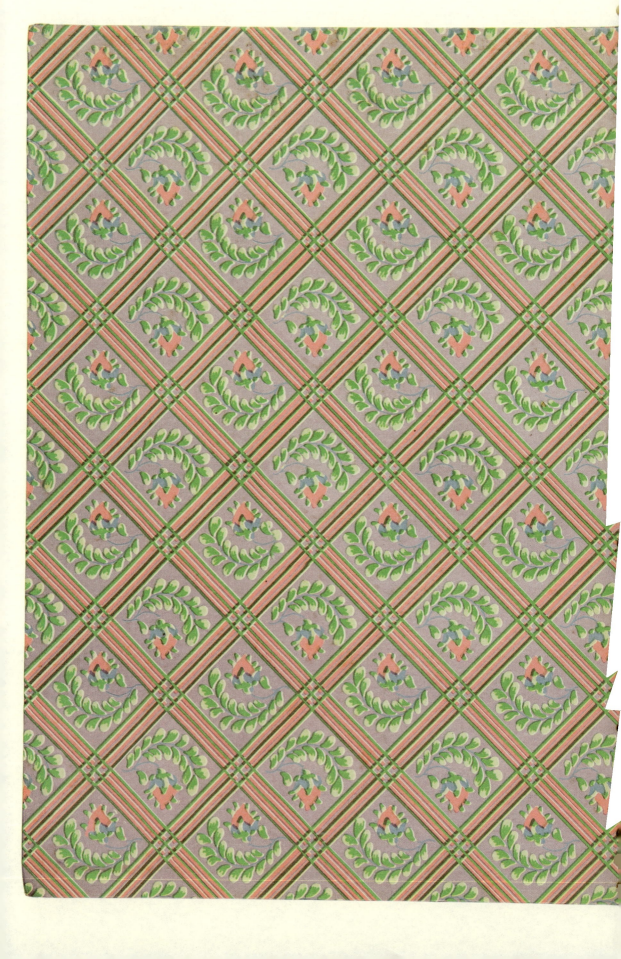

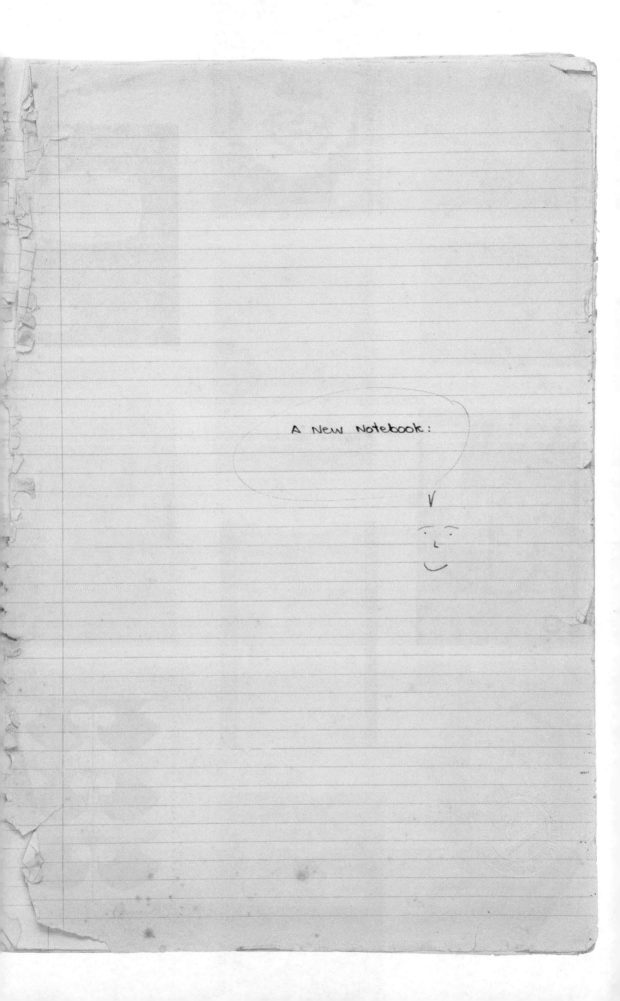

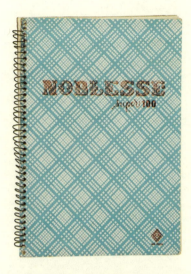
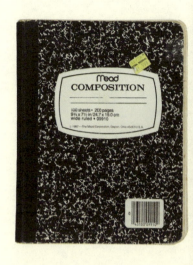
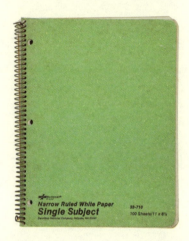
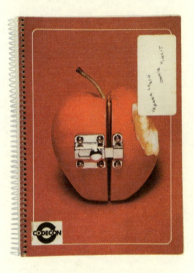
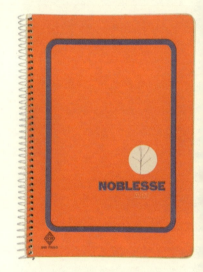

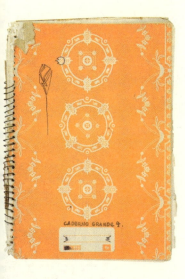

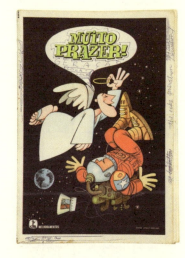
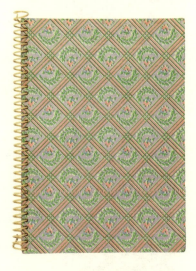

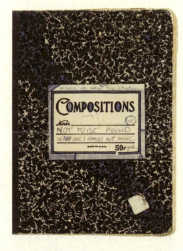
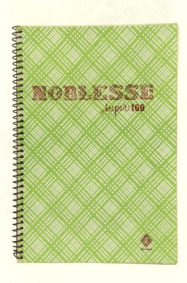

SCHEDULE

PERIOD OR TIME								
COURSE .... MON. INSTRUCTOR			X					
COURSE .... TUES. INSTRUCTOR	X				X			X
COURSE .... WED. INSTRUCTOR			X		X	X		
COURSE .... THUR. INSTRUCTOR								
COURSE .... FRI. INSTRUCTOR							X	
COURSE .... SAT. INSTRUCTOR	X		X					

NAME _Renato Russell_ △DCO♡＊

ADDRESS _SQS 303 - B - 202_

SCHOOL _Life, perhaps?_ TELEPHONE _2247901_

VENIRE PVERI ←→

PRINTED IN U. S. A.

O livro
das listas

RENATO RUSSO

O livro das listas

REFERÊNCIAS MUSICAIS, CULTURAIS E SENTIMENTAIS

△ C ♡ ∞

Organização e comentários
Sofia Mariutti
Tarso de Melo

Tradução das listas
George Schlesinger

COMPANHIA DAS LETRAS

Copyright © 2017 by Legião Urbana Produções Artísticas Ltda.

Grafia atualizada segundo o Acordo Ortográfico da Língua Portuguesa de 1990,
que entrou em vigor no Brasil em 2009.

CAPA E PROJETO GRÁFICO
Elisa von Randow

FOTO DE CAPA
Design de capa utilizado com a permissão da ACCO Brands
Reprodução de Marcos Vilas Boas

FOTO DE QUARTA CAPA
Ricardo Siqueira/ Abril Comunicações S.A.

PESQUISA ICONOGRÁFICA
Ana Laura Souza

TRADUÇÃO DE POEMAS E LETRAS
Guilherme Gontijo Flores (pp. 24, 29, 52, 61, 65, 70, 79 e 152-3) e Caetano W. Galindo (p. 181)

PREPARAÇÃO
Carina Muniz

REVISÃO
Huendel Viana
Ana Maria Barbosa

Agradecemos a Patrícia Lira e Fabiana Ribeiro, do Museu da Imagem e do Som (MIS-SP), pelo apoio à
pesquisa de originais e, em especial, à equipe da Legião Urbana Produções.

Dados Internancionais de Catalogação na Publicação (CIP)
(Câmara Brasileira do Livro, SP, Brasil)

Russo, Renato, 1960-1996
O livro das listas : referências musicais, culturais e sentimentais / Renato Russo;
organização e comentários Sofia Mariutti, Tarso de Melo ; tradução das listas
George Schlesinger ; [tradução de poemas e letras Guilherme Gontijo Flores e
Caetano W. Galindo]. – 1ª ed. – São Paulo : Companhia das Letras, 2017.

Bibliografia
ISBN: 978-85-359-2974-4

1. Almanaques 2. Lista de referências 3. Músicos – Brasil 4. Russo, Renato,
1960-1996 – Anotações, rascunhos etc. I. Mariutti, Sofia. II. Melo, Tarso de.
III. Título.

17-06527   CDD-780.920981

Índice para catálogo sitemático:
1. Músicos brasileiros : Almanaque de referências   780.920981

[2017]
Todos os direitos desta edição reservados à
EDITORA SCHWARCZ S.A.
Rua Bandeira Paulista, 702, cj. 32
04532-002 – São Paulo – SP
Telefone: (11) 3707-3500
www.companhiadasletras.com.br
www.blogdacompanhia.com.br
facebook.com/companhiadasletras
instagram.com/companhiadasletras
twitter.com/cialetras

SUMÁRIO

15   Vamos fazer nosso dever de casa – SOFIA MARIUTTI E TARSO DE MELO

ANOS 1970

21   10 canções favoritas que você consegue lembrar
23   10 canções favoritas que trazem de volta lembranças felizes
26   10 atuações favoritas que você consegue lembrar
26   10 álbuns de rock favoritos
30   Qual a qualidade que mais aprecia
32   10 pessoas famosas que você convidaria para jantar
35   10 lugares onde você gostaria de morar (sem nunca sequer ter estado lá)
35   10 filmes que você quer ver (e ainda não viu ou quer ver de novo)
36   10 filmes que você consegue lembrar e que são favoritos
38   Filmes americanos favoritos
40   Filmes que quero ver (e ainda não vi)
42   Canções punks favoritas
46   Novas ideias para canções
47   Coisas a fazer I

ANOS 1980

51   [Álbuns & canções favoritos]
52   Canções favoritas de todos os tempos
54   Discos
57   Minha parada de sucessos
58   [Símbolos]
59   Minha parada de sucessos eternos
62   Meu top vinte I
67   Meu top vinte II
69   E agora outras grandes top vinte!
73   Meu top vinte III
75   Os melhores livros que você já leu (que consegue lembrar)
98   [Breve história]

100	Filmes que você lembra e o que os fez especiais (você assistiria de novo a cada um deles)
105	Atuações favoritas I
107	Atuações favoritas II
112	Hurra para Hollywood!
116	Prêmio Russell de Cinema
120	Coisas a fazer II
123	Hurra para Hollywood II
127	Minha lista de melhores bandas de rock 'n' roll de todos os tempos

ANOS 1990

133	[Tenha em mente…]
134	Lista
136	Top dez 1990
136	Top cinco, lembra? 1990
138	Adoro a minha caligrafia
139	Óperas para ir
142	O que você fez
143	Planos para a semana
144	Por que me sinto tão triste hoje
146	Pessoas que admiro (da minha geração)
147	Coisas que comprei hoje
148	Meu livro de listas/CDs para comprar
155	Agenda de trabalho
160	[Livros, artigos]
167	Coisas a fazer, grandes e pequenas
168	Coisas a fazer quando este pesadelo terminar
170	Música
182	Vídeo
188	*Créditos*
190	*Referências bibliográficas*

VAMOS FAZER NOSSO DEVER DE CASA

Sofia Mariutti e Tarso de Melo

LISTAR É SELECIONAR. Listar é organizar. Listar é tentar escapar da confusão em que se cruzam as mais improváveis influências — e é por isso que listas são tão interessantes, ainda mais quando conhecemos o que foi feito por um artista a partir do convívio com as muitas obras e pessoas que nelas destacou. É o caso de Renato Russo, artista imenso que, obviamente, desperta uma curiosidade também imensa nos fãs: como ele vivia? Com quem andava? Do que gostava ou não gostava? Quem admirava ou detestava? O que lia, ouvia, assistia? Enfim, de que combustíveis se alimentava a mente brilhante que, em tão pouco tempo, chamava tanta atenção para o que dizia?

A imagem é batida, mas listas são muito parecidas com pontas de iceberg. Ao mesmo tempo que revelam e organizam certo apreço ou reprovação, escondem uma profunda convivência com obras que, tendo ficado de fora das listas, nem por isso foram menos importantes para a formação do repertório de quem listou. E quando temos a oportunidade de comparar listas feitas em períodos diferentes, acompanhando certo desenvolvimento das predileções de alguém, o retrato é ainda mais fiel.

Graças a essa curiosidade, perguntas sobre as referências daquele que era a voz da Legião Urbana surgiam em todas as entrevistas. Renato já apareceu, ainda muito jovem, como alguém que criava canções em sintonia com um conhecimento vasto e intenso de expressões artísticas e culturais variadas, que iam muito além do rock e apareciam com naturalidade em suas letras. Quem era aquele garoto com cara de professor (e, de fato, professor de inglês) que pegava seu violão e juntava, em apenas dois versos, Manuel Bandeira, Bauhaus, Vincent van Gogh, Mutantes, Caetano Veloso e Arthur Rimbaud?

Durante sua vida breve e produtiva, entre um palco e outro, estúdios e turnês, Renato consumiu muitas obras de arte e, a um só tempo, produziu textos em muitos formatos e gêneros literários. Deixou o romance *The 42nd St. Band* e anotações para peças de teatro, roteiros de cinema, discos e canções, além de seus diários — tudo entremeado por listas, muitas listas, que tanto serviam para classificar o que ele já conhecia quanto para indicar o que ainda pretendia ler, ouvir, assistir, viver. O pensamento criativo do líder da Legião Urbana se organizava, não raro, em sequências, numeradas ou não.

Listas de músicas, álbuns e bandas preferidos, é claro;

listas de atuações inesquecíveis em filmes inesquecíveis;

listas de livros adorados e artigos dignos de nota;

mas também listas de símbolos, de elementos do tarô;

listas de amigos divididos por nacionalidade ou por turmas que frequentavam — não raro acompanhadas da pergunta "o que são amigos?";

listas de gastos, de presentes de Natal e souvenirs de viagem;

listas de *"things to do"* — como a maior parte dos mortais, Renato anotava e procrastinava as tarefas, até riscá-las quando as concluía. Essas listas de "coisas por fazer" podiam se mesclar e converter em listas de sentimentos; de conselhos para si mesmo, como "trabalhar mais, dormir menos"; lembretes de fazer listas dentro das próprias listas, ou ainda indagações filosóficas do tipo "quem sou eu?".

Suas listas são especialmente interessantes porque mostram seu modo de trabalho e porque muitas vezes se convertiam em material de criação. Uma relação de novos artistas italianos se desdobraria em um álbum de músicas em italiano, por exemplo; listas de ideias para músicas se tornavam músicas; setlists e possíveis artistas convidados para shows e álbuns eram o embrião para shows e álbuns.

São iluminadoras, ainda, porque mostram os temas de interesse mais amplos que podem ter influenciado o autor de tantas belas canções. O Romantismo, que está nas obras de Wagner e Mahler; o amor impossível dos filmes *Romeu & Julieta* e ... *E o vento levou*; a homoafetividade em *Ludwig* ou *Três mulheres*; o feminismo de *Lena Rais*; a infância desajustada, presente em livros como *O apanhador no campo de centeio* e em filmes como *Os incompreendidos*; a experiência humana e o convívio social, discutidos em filmes como *O enigma de Kaspar Hauser*, *O garoto selvagem* e *O iluminado*.

Uma letra como "Perfeição", com sua enumeração caótica ("Vamos celebrar nossa justiça, a ganância e a difamação"), assim como o refrão de "1º de julho" ("Sou fera, sou bicho, sou anjo e sou mulher") reproduzem esse costume obsessivo de Renato: listar tudo o que é importante, para não esquecer. E trabalhar duro para não ser esquecido.

Na página 148, deparamos com a lista intitulada "Meu livro de listas/CDs para comprar". Para o leitor atento, ali está a preciosa indicação de que o próprio Renato pensava que um dia este livro existiria — e nos dá a deixa para a sua organização.

Assim como as letras de música, as listas eram refeitas, aprimoradas e transformadas ao longo dos anos, obsessivamente. Procuramos manter apenas as mais bem-acabadas e definitivas de cada período, agrupando-as em três décadas da intensa vida de Renato. Acompanhando as listas, alguns comentários dos organizadores e fotografias selecionadas ajudarão o leitor a formar uma imagem desse repertório, seguindo a tradição dos almanaques.

É importante pontuar, ainda, que os cadernos de Renato, de onde todas as listas foram tiradas, eram em sua maior parte escritos em inglês, língua em que o autor foi alfabetizado por ocasião de uma temporada de dois anos morando em Nova York, de 1967 a 1969. Assim, a maioria dos registros teve de ser traduzido para o público brasileiro.

As listas de Renato eram escritas no ritmo de sua paixão pelas artes e, portanto, nem sempre foram feitas na calma de seu quarto na adolescência ou de seu escritório. Renato continuou fazendo listas mesmo nos momentos mais intensos de sua vida de rock star — em turnês, nos estúdios, durante entrevistas e até em festas. Por conta disso, o leitor encontrará algumas incorreções nas referências, que decidimos manter no texto seguidas da informação correta indicada entre colchetes e em outra cor, para conservar o caráter intimista original de que as oscilações da memória de Renato certamente fazem parte.

Este livro, ao reunir as listas de Renato, divide com o leitor a intimidade de um jovem que se tornou gigante quando abriu para o mundo as portas do seu quarto. Toda a sua produção, em certo sentido, é também um tributo aos artistas e às obras que admirava. E, com as indicações dele em mente, começa agora mais uma aventura para seus fãs: fazer o dever de casa. Aqui estão as listas de Renato — mas quais seriam as suas próprias listas? Dentro e para além deste livro? Bom trabalho!

SOFIA MARIUTTI nasceu em São Paulo em 1987. Formou-se em letras pela USP e trabalhou até 2016 como editora na Companhia das Letras. Em 2014, uma seleção de seus poemas saiu na antologia *Anamorfoses* (Annablume), e alguns de seus palíndromos saíram no livro *Socorram-me em Marrocos* (Companhia das Letrinhas). Também para a Compahia das Letras, traduziu do alemão os livros infantis *A orquestra da lua cheia* (2013), *A visita* (2016) e *Os voos de Thiago* (2016). Seu primeiro livro de poemas, *A orca no avião*, sai em 2017 pela editora Patuá.

TARSO DE MELO nasceu em Santo André em 1976. É poeta, autor de *Poemas 1999-2014* (Dobra, E-galáxia, 2015) e de *Íntimo desabrigo* (Alpharrabio, Dobradura, 2017), entre diversos outros livros. De Renato Russo, organizou também *The 42nd St. Band: Romance de uma banda imaginária*, publicado pela Companhia das Letras em 2016. É advogado e professor, com doutorado em filosofia do direito pela USP.

10 CANÇÕES FAVORITAS QUE VOCÊ CONSEGUE LEMBRAR

1. **"IN MY LIFE"** - THE BEATLES
2. **"ANYTHING GOES"** - HARPERS BIZARRE
3. **"A SONG FOR YOU"** - GRAM PARSONS
4. **"GOOD VIBRATIONS"** - THE BEACH BOYS
5. **"SURF'S UP (FINAL)/TILL I DIE"** - THE BEACH BOYS
6. **"NO EXPECTATIONS"** - THE ROLLING STONES
7. **"TODAY"** - JEFFERSON AIRPLANE
8. **"DISNEY GIRLS"** - ART GARFUNKEL
9. **"GOT A FEELIN'"** - THE MAMAS & THE PAPAS
10. **"BORN TO RUN"** - BRUCE SPRINGSTEEN

THE BEATLES

Os acordes da banda de JOHN LENNON, PAUL MCCARTNEY, GEORGE HARRISON e RINGO STARR têm sido a trilha sonora das últimas décadas. Não apenas a geração que acompanhou o nascimento de suas canções durante a década de 1960, numa sucessão impressionante de álbuns — *Please Please Me* (1963), *With The Beatles* (1963), *A Hard Day's Night* (1964), *Beatles for Sale* (1964), *HELP!* (1965), *Rubber Soul* (1965), *REVOLVER* (1966), *Sgt. Pepper's Lonely Hearts Club Band* (1967), *Magical Mystery Tour* (1967), *"The White Album"* (1968), *Yellow Submarine* (1969), *ABBEY ROAD* (1969), *Let It Be* (1970) —, mas toda a música e a cultura em geral dali em diante passaram a ter que lidar com o legado daqueles rapazes de Liverpool. Os Beatles saltaram das pequenas casas de show da Inglaterra e redondezas para um sucesso estrondoso em palcos, rádios, revistas e tevês de todo o mundo, alçando-os ao posto de maior banda de rock de todos os tempos.

Não é difícil, portanto, encontrar na biografia de qualquer jovem dali em diante alguns momentos marcantes envolvendo os Beatles. No caso de Renato, tudo começa com o primeiro disco que pediu aos pais, quando tinha "cinco para seis anos", e atravessa toda a sua vida como

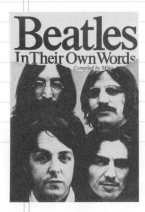

uma paixão inabalável. Renato chegou a apresentar, em 1983, um programa de rádio todo dedicado aos Beatles — (WITH THE BEATLES), na Planalto FM — e em diversas entrevistas se ressentiu de não encontrar, nas críticas ao seu próprio trabalho, as pontes que o ligavam ao quarteto britânico — »»»» "uma influência tão grande e ninguém fala!".

"Qual foi o primeiro disco que o senhor comprou na vida?
»»»» RR — Eu me lembro, tinha cinco para seis anos, e foi um dos Beatles. Eu pedi qualquer coisa dos Beatles; meus pais não compravam LP, era muito caro, mas o disquinho eles compravam. E esse disquinho tinha quatro músicas em vez de duas. Tinha "Twist and Shout", "Do You Want to Know a Secret" e mais duas que não lembro." (RR, ENTREVISTA A HUMBERTO FINATTI E MARIO MENDES, *ISTOÉ SENHOR*, 1º DE NOVEMBRO DE 1989)

»»»»"[...] resolveram me dar outra chance e fizeram um programa dos Beatles. E eu: 'Oba! Tá pra mim!'. E era um tal de tocar 'Revolution' e tudo. E novamente o cara veio falar comigo: 'Renato, você não entendeu. É para tocar "Yesterday", "Michelle"... essas coisas. Rock pauleira, não!'. O primeiro bloco que eu fiz era sobre os filmes dos Beatles. Então começava com 'Hard Day's Night', depois 'Help!'... mas eles não deixaram. E aí eu fui despedido. Acho até que nem foi por causa disso. É que eu era meio rebelde, ficava dando muitas sugestões, mudava as listas — eu ia até a discoteca e trocava tudo!" (RR, ENTREVISTA A SONIA MAIA, *BIZZ*, ABRIL DE 1989)

JEFFERSON AIRPLANE

Todas as tentativas de descrever os grandes nomes do chamado "rock psicodélico" (que vão do Pink Floyd, na Inglaterra, aos Mutantes, no Brasil, por exemplo) acabam se perdendo em meio a uma variedade de palavras um pouco estranhas à cena musical e, mesmo dentro da música, a uma sobreposição de estilos que deixa qualquer leitor desorientado. E isso tem tudo a ver com a proposta de bandas como (JEFFERSON AIRPLANE): muitas vozes, muitas camadas de música, sons que surpreendem, referências que desconcertam.

A banda durou de 1965 a 1972 e esteve no centro da cena do rock durante esse período, tocando no Festival de Woodstock (agosto de 1969) e também em Altamont (dezembro de 1969), tristemente conhecido pelo assassinato de um jovem por integrantes do clube de motoqueiros Hells Angels, que atuavam como seguranças

durante o show dos ROLLING STONES (episódio que dá origem ao documentário *GIMME SHELTER*, incluído entre os filmes favoritos de Renato Russo).

"Today" é uma das faixas de *SURREALISTIC PILLOW* (1967), que, a começar pelo nome enigmático (travesseiro surrealista?), é um caldeirão em que se juntam elementos como o *Bolero*, de Ravel, as "viagens" de *Aventuras de Alice no País das Maravilhas* e as raízes do blues e do folk, criando a atmosfera perfeita para que a audição de suas lindas canções fosse a experiência mais rica (e alucinógena) possível.

10 CANÇÕES FAVORITAS QUE TRAZEM DE VOLTA LEMBRANÇAS FELIZES

1. "ROCKY RACCOON" - THE BEATLES
2. "STRING MAN" - THE MAMAS & THE PAPAS
3. "JEALOUS GUY" - JOHN LENNON
4. "INDIAN SUNSET/YOUR SONG" - ELTON JOHN
5. "GOLDEN CITY" - BABYSITTER'S MENAGERIE [THE BABYSITTERS]
6. TRILHA SONORA DE *OS SEUS, OS MEUS E OS NOSSOS*
7. "BABY FACE" - TRILHA SONORA DE *POSITIVAMENTE MILLIE*
8. "TRULY SCRUMPTIOUS" - TRILHA SONORA DE *O CALHAMBEQUE MÁGICO*
9. "P. S. I LOVE YOU" - THE BEATLES
10. "YOU CAN'T ALWAYS GET WHAT YOU WANT" - THE ROLLING STONES

THE MAMAS AND THE PAPAS

Sucessos como "California Dreamin'" e "Monday, Monday" colocaram as vozes desse quarteto formado em Nova York, em 1965, no topo das paradas de sucesso. Tudo o que era cantado por Denny Doherty, Cass Elliot, Michelle Gilliam e John Phillips parecia ganhar, se não a sua versão imbatível, ao menos uma roupa nova. É caso de "Do You Wanna Dance?" (1958), clássico de sucesso na voz de seu autor, Bobby Freeman, gravado também por Beach Boys, Johnny Rivers e Ramones, mas que, nas vozes de THE MAMAS AND THE PAPAS, parece ter sido feito para a harmonia que apenas aquele "minicoral" conseguia atingir.

Em "STRING MAN", listada entre as preferidas de Renato, estão todos os ingredientes que fizeram o quarteto vocal conquistar multidões. A letra singela fala de uma jovem que se apaixona pelo guitarrista e cantor de uma banda de rock — não sem mostrar que sua paixão por ele é também uma paixão pela música —, e as vozes do quarteto parecem ser capazes de transportar qualquer ouvinte para o pé do palco em que tudo acontece.

Sonho a Califórnia

As folhas são marrons
E o céu é gris
Eu saí pra andar
Neste dia frio
Se eu não lhe disser
Poderei partir
Sonho a Califórnia
Neste dia frio

Transcrição de "California Dreamin'",
de The Mamas and the Papas,
em caderno de 1979-80.

10 ATUAÇÕES FAVORITAS QUE VOCÊ CONSEGUE LEMBRAR

1. **GRETA GARBO** - *NINOTCHKA*
2. **JON VOIGHT** - *PERDIDOS NA NOITE*
3. **JULIE CHRISTIE** - *O MENSAGEIRO*
4. **TATUM O'NEAL** - *LUA DE PAPEL*
5. **NICOLAS BEAUVY** - *PIG WILD* [*HOG WILD*]
6. **LEW AYRES** - *NADA DE NOVO NO FRONT*
7. **MARILYN MONROE** - *NUNCA FUI SANTA*
8. **LEE MONTGOMERY** - *A MANSÃO MACABRA*
9. **SISSY SPACEK** - *CARRIE, A ESTRANHA*
10. **GWEN WELLES** - *NASHVILLE*

10 ÁLBUNS DE ROCK FAVORITOS

1. **PET SOUNDS** - THE BEACH BOYS
2. **IN CONCERT** - JANIS JOPLIN
3. **BLESS ITS POINTED LITTLE HEAD** - JEFFERSON AIRPLANE
4. **GP** - GRAM PARSONS
5. **ANYTHING GOES** - HARPERS BIZARRE
6. **BORN TO RUN** - BRUCE SPRINGSTEEN
7. **RUBBER SOUL** - THE BEATLES
8. **BEGGARS BANQUET** - THE ROLLING STONES
9. **SURREALISTIC PILLOW** - JEFFERSON AIRPLANE
10. **LONDON '69** [*BEACH BOYS '69*] - THE BEACH BOYS

THE BEACH BOYS

Era 1966 quando uma banda californiana identificada com a chamada *surf music* lançou um álbum que saltaria diretamente para o rol dos discos decisivos da história do rock — e da música em geral. PET SOUNDS, dos BEACH BOYS, reúne em suas treze faixas (a começar por "Wouldn't It Be Nice", que você decerto já ouviu por aí, no cinema, no rádio, num casamento…) os ingredientes raros que fazem um disco cair nas graças tanto do público mais amplo quanto da crítica mais exigente.

Tendo à frente um irrequieto BRIAN WILSON (com a cabeça fervendo após ouvir RUBBER SOUL, lançado pelos Beatles em 1965), os Beach Boys tinham como objetivo criar um álbum em que as músicas de fato se completassem, resultando numa única obra (não apenas uma reunião de canções avulsas). Para tanto, buscaram uma variedade incrível de sonoridades, que tinham por base um apurado trabalho com os vocais e instrumentos, mas incorporavam sinos, campainhas e outros "acordes" domésticos, como os "sons de (animais de) estimação" que deram nome ao disco.

Renato Russo certamente foi mais um dos jovens tocados pela força de *Pet Sounds*, e dali em diante soube que discos de rock não são nada menos que exigentes obras de arte. Por isso, quase vinte anos depois do lançamento do disco, quando o próprio Renato já era o líder de uma banda com seus milhões de fãs, declarou: »»» "Agora, o que eu queria mesmo — meu sonho — era ser os Beach Boys. Era o meu sonho. Eu acho as coisas dos Beach Boys mais bonitas do que as coisas dos Beatles. Tem coisas que, ouvindo, a gente diz: 'Como que esse homem fez isso?'. Agora, os Beatles são os Beatles, não é?".

THE ROLLING STONES

Não demoraria muito para a Inglaterra ficar pequena para a banda formada em 1962 por MICK JAGGER, KEITH RICHARDS, BRIAN JONES e Ian Stewart. E a tão exitosa quanto tumultuada carreira do quarteto inglês, que ainda hoje leva dezenas de milhares de fãs para seus shows em todas as partes do mundo, se confunde com a história do rock desde então. Passando por algumas mudanças na sua formação (Ian Stewart é afastado dos palcos já nos primeiros meses de banda, substituído por Bill Wyman; Charlie Watts assume definitivamente a bateria em 1963; Brian Jones é demitido em 1969 e, em seu lugar, MICK TAYLOR assume a guitarra, até 1974 quando é substituído por Ron Wood), é com Jagger, Richards, Watts e Wood que os Rolling Stones seguiram com a fusão de rock, blues e outros elementos que talvez só se encontrem na voz de Jagger e na guitarra de Richards.

Entre 1975 e 1976, quando o adolescente Renato Manfredini Jr. cria sua banda imaginária, a The 42nd St. Band, é nos Rolling Stones, em grande medida, que ele está pensando. Entre os personagens que inventa em seu quarto para tocarem com seu alter ego Eric Russell numa banda de sucesso mundial (aliás, tão exitosa e tumultuada quanto os Stones) aparece Mick Taylor, que, às vésperas de se separar de Jagger e Richards, convida o jovem Russell para se juntar à banda que estava formando com Jeff Beck, ex-integrante dos Yardbirds, banda que teve em sua formação também Eric Clapton e Jimmy Page. Com a cabeça repleta das informações que colhia de revistas importadas e encartes de discos, era entre esses nomes de tamanho peso que Renato encontrava lugar para seus sonhos.

Mulheres de Cabaré

Eu vi a rainha botequim em Memphis
E tive que enfrentar alguma briga
A moça me cobriu então de rosas
Me quebrou o nariz e abriu a mente

Mulheres de Cabaré
Eu quero quero quero um blues de cabaré
Transei com uma desquitada em Nova York

Honky Tonk Women
(M. Jagger / K. Richard)

I met a gin-soaked bar-room queen in Memphis
I had to put up some kind of a fight
The lady then she covered me with roses
She blew my nose & then she blew my mind
Honky Tonk Women
Gimme gimme gimme them honky tonk blues
I laid a divorcee in New York City

Transcrição de "Honky Tonk Women", dos Stones, em caderno de 1979-80.

QUAL A QUALIDADE QUE MAIS APRECIA

QUAL O SEU TRAÇO CARACTERÍSTICO
EGOCENTRISMO, AMBIÇÃO, PROTEÇÃO, SINCERIDADE
IDEIA DE FELICIDADE

QUAL O DEFEITO PELO QUAL TEM MAIS CONDESCENDÊNCIA, MENOS INTOLERÂNCIA
AMBIÇÃO
A PESSOA COM QUE MAIS ANTIPATIZA
Prof. Vitor
SUA OCUPAÇÃO PREDILETA
discos, cinema
SEU PROSADOR PREDILETO
Hesse, Shaw, Wilde, Poe, Huxley, Pessoa, Carlos D. A.
SEU HERÓI PREDILETO
Prometeu
SUA HEROÍNA PREDILETA
Marylin Monroe [Marilyn Monroe]
SUA FLOR PREDILETA
girassol
SUA COR PREDILETA
aquamarino
NOMES QUE PREFERE
Mariane, Érico, Vitória
PRATO PREDILETO
sanduíches
MÁXIMA
"Quem não arrisca não petisca."
SEU LEMA
"Um dia eu chego lá."

Renato Manfredini Junior
Renato Russo
Russ
Juninho
Junico
Junior
Renatinho
Russo
Ri - nah - t~ (3 variations on this)

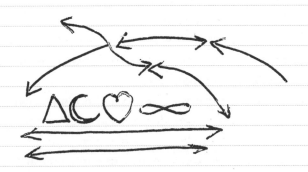

10 PESSOAS FAMOSAS QUE VOCÊ CONVIDARIA PARA JANTAR

1. Janis Joplin
2. Marilyn Monroe
3. Gram Parsons
4. Brian Wilson
5. Isadora Duncan
6. Arthur Rimbaud
7. Fernando Pessoa
8. Jesus Cristo
9. Leonardo da Vinci
10. Oscar Wilde

11. Sid Vicious
12. Jim Morrison Johnny Rotten et ou

AMIGOS À MESA

A relação das pessoas que Renato convidaria para jantar dá muito o que pensar, porque reúne nomes das mais variadas áreas: da música, do cinema, da religião, da literatura… E talvez por isso retrate tão bem os interesses plurais dele. A primeira da lista é JANIS JOPLIN (1943-70), que também figura na lista dos discos prediletos de rock de Renato, com IN CONCERT, lançado em 1972, que reúne gravações dos seus últimos shows.

Outro convidado, JIM MORRISON (1943-71), liderou uma das principais bandas de rock dos anos 1970, THE DOORS. Assim como Joplin, Morrison faz parte do "Clube dos 27" — grandes nomes do rock que morreram aos 27 anos, entre eles BRIAN JONES (1942-69), Jimi Hendrix (1942-70) e, mais recentemente, Kurt Cobain (1967-94) e Amy Winehouse (1983-2011).

Genialidade musical e intenso mergulho nas experiências do seu tempo podem ser colocados como os traços fortes desse clube — e isso explica a admiração e a identificação de Renato com seus contemporâneos.

(KURT COBAIN) foi o último desses que Renato acompanhou, e em várias ocasiões fez questão de deixar claro que ali estava alguém capaz de dar uma contribuição admirável ao rock: »»» "O Nirvana está naquela linhagem indispensável da história do rock, como Elvis, os Beatles e o Sex Pistols".

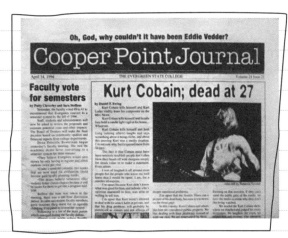

Quando Cobain se suicidou, Renato anotou entre suas tarefas da semana acompanhar tudo o que a imprensa dissesse sobre o caso. E declarou: »»» "O homem é o melhor letrista que apareceu nos últimos dez anos. O cara era fera. Fica até difícil explicar como eu o achava bom. Foi uma grande perda. Era poeta de mão cheia, e não apareceu ninguém como ele. Não com a sua idade, falando as coisas que ele falava".

"O que você acha da poesia feita pelo pessoal do rock?
»»» RR — Em geral, o rock 'n' roll é muito adolescente. A poesia que existe nele, se existe, é sempre uma coisa da oitava série. Aliás, eu sou acusado disso. Mas, se você pegar uma letra do Kurt Cobain, vai ver que ele falava para todo o mundo. Eu sinto bastante a sua morte, porque entendo bem o processo por que passou. Essas coisas de fazer sucesso em cima do que você acredita e sente e ter as pessoas querendo mais e mais, é complicado." (RR, ENTREVISTA A DEBORAH BERMAN, MANCHETE, 16 DE JULHO DE 1994)

Duas mulheres que aparecem entre os famosos que Renato convidaria para jantar também reúnem, em suas histórias pessoais, genialidade artística, atitude contestadora e finais trágicos. A bailarina (ISADORA DUNCAN) (1877-1927) é considerada a precursora da dança moderna, por inovar com relação a todos os aspectos da dança clássica — da escolha dos trajes às músicas — e contar com uma expressão corporal rebelde frente aos padrões rígidos do balé. Fez sucesso no mundo todo, inclusive no Brasil, onde se apresentou em 1916. Duncan nasceu nos Estados Unidos e passou boa parte da vida na Europa. Em 1913, perdeu os filhos dos seus dois primeiros casamentos num acidente no rio Sena. Em 1920, mudou-se para a Moscou e, dois anos depois, se casou com o poeta Serguei Iessienin, que se

suicidaria em 1925. De volta à França, Isadora morreu num acidente em Nice: sua longa echarpe se enroscou na roda do carro conversível em que estava e ela foi lançada contra as pedras da rua.

MARILYN MONROE é o nome com que Norma Jeane Mortenson (1926-62) conquistou o mundo como atriz e modelo. A soma da carreira bem-sucedida no cinema com uma vida atribulada — que incluiu o casamento com a lenda do beisebol Joe Di Maggio, a capa da primeira edição da *Playboy* e o "Happy Birthday to You" sensualíssimo para o presidente John F. Kennedy, levantando suspeitas de um relacionamento entre os dois — fez de Marilyn um fenômeno inigualável na cultura pop. Renato não apenas convidaria Marilyn para jantar: ele listou seus filmes, NUNCA FUI SANTA, de 1956, e *Quanto mais quente melhor*, de 1959, entre seus favoritos, com destaque para a performance de Marilyn. Aos 36 anos, no entanto, a carreira da atriz foi abruptamente interrompida por uma morte trágica, ocasionada por excesso de barbitúricos, que ainda hoje alimenta mistérios.

Outro convidado chama bastante a atenção na lista de Renato: JESUS CRISTO. Entre malditos e rebeldes, é fácil entender que não era sua figura religiosa que interessava a Renato. Aliás, de todas as religiões com que flertou, a lição que Renato tirava sempre pareceu mais ligada a um conjunto de valores que as transcendia:

»»»» "As coisas mais básicas são as seguintes: quem acredita sempre alcança, respeito ao próximo, não faça aos outros aquilo que você não quer que te façam... é meio por aí. No fundo, é o que o *I ching* fala, é o que Buda fala, Cristo e Krishna também... Todo mundo falou, mas ninguém ouviu... Se você tem a intenção de ter um coração puro e tenta seguir o negócio do trabalho e da amizade — ter um trabalho digno e tentar cultivar os amigos —, você não tem o que temer." (RR, ENTREVISTA A BIA ABRAMO, *BIZZ*, ABRIL DE 1986)

10 LUGARES ONDE VOCÊ GOSTARIA DE MORAR (SEM NUNCA SEQUER TER ESTADO LÁ)

1. 56TH. AVE., NOVA YORK (MANHATTAN)
2. SAN FRANCISCO/SAN DIEGO
3. HAVAÍ
4. LONDRES
5. UMA ILHA NO CARIBE
6. CANADÁ
7. SUÍÇA
8. SUÉCIA
9. UMA ILHA NO MEDITERRÂNEO (PERTO DA ITÁLIA & DA GRÉCIA)
10. IRLANDA

10 FILMES QUE VOCÊ QUER VER (E AINDA NÃO VIU OU QUER VER DE NOVO)

1. *O PEQUENO GRANDE HOMEM* - VISTO ✓
2. *A PRIMEIRA NOITE DE UM HOMEM* ✓
3. *WOODSTOCK: 3 DIAS DE PAZ, AMOR E MÚSICA* ✓
4. *LOUCURAS DE VERÃO* ✓
5. *BONNIE E CLYDE*
6. *JANIS* ✓
7. *JUVENTUDE TRANSVIADA*
8. *SATYRICON* (FELLINI)
9. *DEIXEM-NOS VIVER*
10. *ROLLING STONES LIVE & BACKSTAGE*

10 FILMES QUE VOCÊ CONSEGUE LEMBRAR E QUE SÃO FAVORITOS

1. *PRIVILÉGIO*
2. *... E O VENTO LEVOU*
3. *ESSA PEQUENA É UMA PARADA*
4. *LUA DE PAPEL*
5. *NASHVILLE*
6. *PERDIDOS NA NOITE*
7. *A NOITE AMERICANA*
8. *NUNCA FUI SANTA*
9. *CARRIE, A ESTRANHA*
10. *PEQUENO GRANDE HOMEM*

ESSA PEQUENA É UMA PARADA
Estrelado por Barbra Streisand e Ryan O'Neal, sob direção de Peter Bogdanovich, a comédia ESSA PEQUENA É UMA PARADA, de 1972, é uma sucessão de confusões causadas pela troca de malas idênticas num hotel em San Francisco. Além de ter sido um grande sucesso de público (rivalizando com nada menos do que *O poderoso chefão* pela atenção dos cinéfilos naquele ano), o filme atingiu aprovação rara entre os críticos quando se trata de comédias. Nesse sentido, o exigente Renato anota, em sua lista, que *Essa pequena é uma parada* é memorável justamente por causa do roteiro e da atuação.

acordar sozinho (a me lembrar de um sonho bom)
o aquecedor já estar ligado
não ter que arrumar a cama.
a mesa já estar posta.
poder ler qualquer livro e ~~só~~ ouvir discos em vez
de ~~estudar~~ estudar.
Não ter de sair de casa de manhã a não ser que
eu queira
Todos estarem de bom humor (eu inclusive)
Notícias interessantes no jornal. Filmes interessantes
Almoço gostoso (sobremesa idem)
Não ter que sair correndo de casa e me atrasar.
Uma aula de datilografia não cansativa.
Um dia de sol. ~~foi um dia de chuva~~
Encontrar no caminho algum conhecido.
Ir à banca de revistas e ver as novidades
   (que num dia bom são muitas).
Não ter gasto toda a minha semanada ~~ou encontrar~~
   (ter muito dinheiro de sobra)
Não ter que atender à porta ou ao telefone e
   se for assim, que seja para mim.
Conseguir carona para a Cultura.
Não ter esquecido de fazer o dever-de-casa.
Não ter que sair voando de lá para não chegar
   atrasada no CEUB.
Não ter que fazer o que no momento não
   tenho vontade.
ver algo interessante na TV à noite.
~~Não ter que ir comprar~~
ou então algum amigo inesperadamente
   me visitar com 'notícias' interessantes.
Não desarrumar muito o quarto.
Quando Todos com quem me encontro estão de ótimo
humor.

FILMES AMERICANOS FAVORITOS

1. *NASHVILLE*
2. *O PEQUENO GRANDE HOMEM*
3. *CERIMÔNIA DE CASAMENTO*
4. *LUA DE PAPEL*
5. *GRANDE HOTEL*
6. *GIMME SHELTER*
7. *CORAÇÕES E MENTES*
8. *2001: UMA ODISSEIA NO ESPAÇO*
9. *OS BRUTOS TAMBÉM AMAM*
10. *... E O VENTO LEVOU*
11. *INTOLERÂNCIA*
12. *NUNCA FUI SANTA*
13. *ESSA PEQUENA É UMA PARADA*
14. *OS RAPAZES DA BANDA*
15. *PSICOSE*
16. *UMA TRAGÉDIA AMERICANA*
17. *CAMILLE*
18. *BUSTER E BILLIE*
19. ETC.

GRANDE HOTEL

Dirigido por Edmund Goulding, com roteiro de Vicki Baum e William A. Drake, *Grande Hotel* levou o Oscar de melhor filme em 1932, tendo Greta Garbo (1905-90) como protagonista, no papel da dançarina Grusinskaya. A história — ou melhor, as múltiplas pequenas histórias, que opõem glamour e decadência — gira em torno de um hotel luxuoso em Berlim e seus hóspedes e funcionários, interpretados por outras lendas de Hollywood como Joan Crawford, Wallace Beery e os irmãos Lionel e John Barrymore. Garbo já era uma grande estrela do cinema à época, mesmo tendo ainda 26 anos e estando havia pouco tempo nos Estados Unidos (tinha chegado de seu país natal, a Suécia, em 1925, e, num primeiro momento, tinha grandes dificuldades com o inglês). Um clássico.

GIMME SHELTER

GIMME SHELTER (1970), um documentário dirigido por Charlotte Zwerin e os irmãos Albert e David Maysles, acompanhou as últimas semanas de turnê dos Rolling Stones nos Estados Unidos em 1969 — em especial os incidentes ocorridos no Festival de Altamont, em que os seguranças da banda, membros do Hells Angels Motorcycle Club, foram acusados da morte de Meredith Hunter, um jovem de dezoito anos. Há infinitas versões sobre aqueles fatos: uma delas diz que a vítima estaria armada para matar MICK JAGGER. Curiosamente, o filme tem o nome da canção que abre o álbum lançado pelos Stones em 1969, *Let It Bleed*, e sua letra é um intenso pedido de proteção contra as muitas formas de violência que estão "a um tiro de distância".

O palco do festival contava ainda com Santana, JEFFERSON AIRPLANE, Grateful Dead e outros, mas a memória musical do festival foi ofuscada pela morte de Hunter e de outras três pessoas que faziam parte da multidão de roqueiros (com a imprecisão típica dessas contagens, fala-se de 300 mil até 600 mil pessoas).

FILMES QUE QUERO VER (E AINDA NÃO VI)

1. *MONSTROS* - TOD BROWNING
2. *SATYRICON* - FEDERICO FELLINI
3. *BONNIE E CLYDE* - ARTHUR PENN
4. *LIMITE* - MARIO PEIXOTO
5. *OS INCOMPREENDIDOS* - FRANÇOIS TRUFFAUT
6. *ZERO DE CONDUTA* - JEAN VIGO
7. *O NASCIMENTO DE UMA NAÇÃO* – D. W. GRIFFITH
8. *WOODSTOCK: 3 DIAS DE PAZ, AMOR E MÚSICA* - [MICHAEL WADLEIGH]
9. *TEOREMA* - PIER PAOLO PASOLINI
10. *LOUCURAS DE VERÃO* - GEORGE LUCAS
11. *O ESPÍRITO DA COLMEIA* - VICTOR ERICE
12. *THE GREAT ROCK 'N' ROLL SWINDLE* - [JULIEN TEMPLE]
13. *NA MIRA DA MORTE* - ROBERT ALTMAN [PETER BOGDANOVICH]
14. *METRÓPOLIS* - FRITZ LANG
15. *AS DUAS INGLESAS E O AMOR* - FRANÇOIS TRUFFAUT
16. *OS DESAJUSTADOS* - JOHN HUSTON
17. *SALÒ OU OS 120 DIAS DE SODOMA* - PIER PAOLO PASOLINI
18. *PACTO SINISTRO* - ALFRED HITCHCOCK
19. *OURO E MALDIÇÃO* - [ERICH VON] STROHEIM
20. *ALELUIA* - KING VIDOR
21. ETC.

CULTURA:	CEUB:	QUADRA:
Tony	Daisy	Sérgio
Ian	Clara	Miguel
Debbie	Rosana	Gustavo
Maluh	Marcia	Paulo César
Evio	Vanessa	André
Claudio		Claudia
Elder	MARISTA:	
Sandra	Regina	OUTROS:
Marília	Marcos	Valéria
Denise	Diana	J. Edgard
Humberto	Raquel	Fátima
Nid	Gugu	J. Henrique
Carlos	Viviane	Humberto
Isabela	Cris	Sonia
Lilian	Silvia	Bruno
Regina	Josué	
Hilda	Gisele	
Regina	Susi	
Isio	Paula	
Rosana		
Bete		
Sandra		

CANÇÕES PUNKS FAVORITAS

1. **"PROBLEMS"** - THE SEX PISTOLS
2. **"MY WAY"** - THE SEX PISTOLS
3. **"FICTION ROMANCE"** - BUZZCOCKS
4. **"PROMISES PROMISES"** - GENERATION X
5. **"OH BONDAGE, UP YOURS!"** - X-RAY SPEX
6. **"MIRAGE"** - SIOUXSIE AND THE BANSHEES
7. **"1969"** - THE STOOGES
8. **"CITY OF THE DEAD"** - THE CLASH
9. **"I WANNA BE ME"** - THE SEX PISTOLS
10. **"CHEAPSKATES"** - THE CLASH
11. **"PARADE"** - MAGAZINE
12. **"I JUST WANT TO HAVE SOMETHING TO DO"** - THE RAMONES

"1969", THE STOOGES

"1969" é a faixa que abre e dá título ao primeiro disco da banda (THE STOOGES) — lançado justamente em 1969 —, que fez a banda norte-americana ser reconhecida como precursora do punk (protopunk), com forte influência sobre RAMONES, THE CLASH, SEX PISTOLS e outros grandes que despontariam em meados da década seguinte.

Formada pelos irmãos Ron e Scott Asheton, por Dave Alexander e (IGGY POP)(vocalista que assumiu a mixagem do disco ao lado de Jac Holzman, dono da Elektra Records, depois de o trabalho de John Cale, recém-saído do VELVET URDERGROUND, ter sido rejeitado), a banda The Stooges, cheia de virtuosismo e psicodelia, se destacou na virada dos anos 1960-70 com faixas como "I Wanna Be Your Dog" e "No Fun", que antecipavam as letras cruas e a sonoridade agressiva que caracterizariam o melhor do punk rock.

"CITY OF THE DEAD", THE CLASH

THE CLASH surge na cena punk inglesa nos mesmos palcos em que os Sex Pistols tocavam. O grupo, formado em 1976 por Joe Strummer, Mick Jones, Paul Simonon, Keith Levene (que sairia pouco depois) e Terry Chimes (substituído por Nicky "Topper" Headon em 1977), no entanto, apostava em atitudes, discursos e até mesmo numa estética diferente daquilo que Rotten e Vicious defendiam com sua banda.

Lançada em 1977 como lado B do single de "Complete Control", a música "CITY OF THE DEAD", que Renato inclui entre suas canções punks favoritas, é um bom exemplo da trincheira aberta pelo Clash: a letra forte, com referências claras ao inconformismo punk, não impede a exploração de uma musicalidade mais refinada, que se apropria de influências que enriquecem melodicamente as canções e também recorre a instrumentos musicais que vão além do baixo-guitarra-bateria típico do punk.

"I JUST WANT TO HAVE SOMETHING TO DO", THE RAMONES

Nasceu em Nova York a grande banda punk dos Estados Unidos. E não há nada mais punk — faça você mesmo! — do que o início da história dos RAMONES: eles decidiram fazer suas próprias músicas porque não conseguiam tocar as músicas de que gostavam. Ou melhor: não conseguiam tocar música alguma. Mas a vontade de ter uma banda e poder cantar e tocar era maior do que qualquer dificuldade com os instrumentos: Douglas Colvin, John Cummings, Jeffrey Hyman e Thomas Erdelyi tornaram-se, respectivamente, Dee Dee Ramone, Johnny Ramone, Joey Ramone e Tommy Ramone. E, com eles, nascia não apenas uma das maiores bandas de rock de todos os tempos, como também um estilo musical inconfundível: veloz, simples, direto, agressivo e sobretudo... divertido.

A canção dos Ramones que Renato Russo incluiu entre suas punks favoritas tem rimas simples e uma letra curta, em que Joey repete que queria ter algo para fazer à noite. Esse estilo caía como uma luva para a "Turma da Colina". Renato, numa entrevista, lembra como foi libertador — para aqueles jovens com alguns instrumentos, nenhuma técnica e muita vontade de cantar, tocar, dançar — tomar contato com a música punk:

>>>> "Eu mesmo não sabia tocar. Fiquei um ano para tirar 'Blackbird', dos Beatles. Era muito, muito difícil. Até que apareceram os Pistols, fazendo três acordes e falando: 'Olha, vocês podem pegar um instrumento e fazer três acordes'. E era isso que a gente fazia. Começamos, eu e o André Pretorius, antes até do Fê entrar, porque a bateria não tinha chegado da Inglaterra. Ficávamos tocando a tarde inteira a mesma música — a dos Slaughter and the Dogs. Imagine uma banda chamada Matança e Seus Cachorros. Era o máximo! A gente adorava! Tinha esses, os Saints, Damned, Buzzcocks, mas o que a gente mais gostava, o mais fácil de tocar, era Ramones. Uma tarde inteira tocando 'Now I Wanna Sniff Some Glue'! Parava, voltava... [...] ouvíamos coisas como Raincoats, Slits... Nem sei mais onde foram parar. Por exemplo: quem tinha o primeiro single do Gang of Four fazia as cópias, distribuía, e assim foi indo, foi indo, foi indo até que começaram a entrar as meninas para a turma. Foi quando o Sid Vicious morreu, mais ou menos na mesma época em que apareceu o B-52's, 1979, acho. As datas eu não sei, mas foi logo que apareceu Police, Two Tones, Specials, Selecter, Madness... As meninas vieram porque essa era uma música que elas podiam dançar. Até então era só Sham 69, aquelas coisas. Eu, por exemplo, dançava batendo a cabeça na parede, pulava, rolava pelo chão..."
(RR, ENTREVISTA A SONIA MAIA, *BIZZ*, ABRIL DE 1989)

THE SEX PISTOLS
Contestação: eis a palavra-chave para entender o significado da cultura punk. Onde houver uma regra, onde houver um limite, um punk deve atacar. No caso dos SEX PISTOLS, as roupas, os vocais, as danças, as letras e a forma de tocar cada instrumento sempre foram um tributo a essa rebeldia contra as imposições de uma sociedade que tentava enquadrar todos dentro de padrões que não podiam ser questionados.

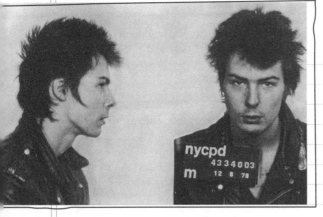

Esse era o combustível do furacão Sex Pistols, que durou menos de três anos, mas fez o suficiente para dividir até mesmo o mundo da música dali em diante. Surgida em Londres em 1975, a banda composta por Johnny Rotten (nascido John Lydon), Steve Jones, Paul Cook e Glen Matlock, que seria substituído por (SID VICIOUS) no início de 1977, sempre ia bem além de um "show de rock" em suas apresentações, porque todo o público se contaminava pela rebeldia da banda, e as casas de show se tornavam pequenas para a energia que vinha do palco para um público cada vez mais parecido com a banda.

Renato, que diversas vezes se referiu ao impacto que causavam em Brasília as notícias sobre a cena punk, não escondia sua predileção pelos Sex Pistols, a admiração por SID VICIOUS (que, antes dos Pistols, tocava noutra das bandas prediletas de Renato, SIOUXSIE AND THE BANSHEES) e a importância que músicas como "PROBLEMS" e "MY WAY" (a versão punk para o clássico imortalizado na voz de Frank Sinatra) tiveram para sua formação musical. A primeira banda de que Renato participou — Aborto Elétrico — não queria ser, na cena musical de Brasília, menos do que os Sex Pistols foram, pouco antes, no rock internacional. E os traços da contestação punk são muito fortes nas letras que Renato fez à época, como "Química" e "Que país é esse".

»»»» "[...] se prestar bastante atenção no discurso punk, você percebe que eles falavam a mesma coisa que o pessoal dos 60. O Sex Pistols falava a mesma coisa, só que com toda aquela agressividade dos 70, tipo *my generation*. Era outro jeito de falar de amor, porque é algo do que o ser humano não pode escapar. Alguém pode passar o resto da vida martelando a sua guitarra e dizendo que odeia todo mundo, mas não se esqueça: quando Johnny Rotten cantava 'And I Don't Care', ele era a pessoa que mais se importava. E se não tivesse se importado tanto, não berraria daquele jeito. Isso eu sei porque a Legião Urbana usou o mesmo discurso punk no início. Uma coisa totalmente niilista, destrutiva e anarquista, mas que no fundo estava falando que queria paz e harmonia no mundo." (RR, ENTREVISTA A HAGAMENON BRITO, *A TARDE*, SALVADOR, 7 DE NOVEMBRO DE 1989)

NOVAS IDEIAS PARA CANÇÕES

"MARCIANOS INVADEM A TERRA"
longa e elaborada balada épica de rock 'n' roll sobre a Brigada do Desespero /
alegórica. Inventar refrão marcante. Mudança de humor.
pronta

"EDUARDO E MONICA"
um folk rhythm 'n' blues sobre um casal adolescente.
pronta

"PLANTAS EMBAIXO DO AQUÁRIO"
símbolos, imagens.
pronta

"1965"
épico elaborado sobre tempos agora passados. Realista.

"A BALADA DE VITÓRIO D'VERONA EM VILA RICA"
outra longa balada folk épica sobre um jovem herói e suas aventuras no Brasil do
século XVIII: movimento de resistência, escravos, piratas, ouro.

"LEGIÃO DOS BANDIDOS"
foras da lei; imagens.

Canções novas:

"MONTE CASTELO"
"EU ERA UM LOBISOMEM JUVENIL"
"ENTRE DEZOITO E VINTE-UM"

Instrumentais:
"MONTE CASTELO #1"
mais fragmentos.

COISAS A FAZER I

FILMES:
A inglesa romântica - Brasília
O homem do Pau-Brasil - Cinema Um
Carruagens de fogo - Atlântida
Fuga de Nova York - Karin

CONCERTOS:
Roberto Szidon - segunda-feira, 9:00 - Sala Villa-Lobos
Julian Byzantine - quinta-feira, 9:00 - Auditório da Cultura Inglesa

SHOWS:
Show de rock - 4ª feira, 6ª feira, 9:00 - Villa-Lobos ou Martins Pena
Renato Mattos - domingo, 5:00, Teatro Garagem

TRABALHO:
1. TESTE (Linguagem) - quinta-feira, 3:00
2. Quem é quem no jornalismo televisado
3. Semana de Jornalismo / Ideologia e Meios de Comunicação
4. Ir à Thomas Jefferson para livros
5. Pintar camisetas (novas)
6. Ler *On the Road*
7. outros escritos deixados de lado
8. trilha sonora
9. descolar baixo e guitarra
10. descolar livros

TAREFAS, TAREFAS, TAREFAS

Em meio às listas de todos os tipos e também aos versos que depois se transformariam em canções, os cadernos e diários de Renato são repletos de listas com "coisas a fazer". Desde as tarefas cotidianas mais simples (ligar para alguém, comprar algo, ir a algum lugar) até ideias para mudar de hábitos (comer, dormir, trabalhar), Renato sempre anotou o que não podia deixar de fazer no dia a dia, inclusive com relação a discos, filmes e livros (por exemplo, ler o clássico de Jack Kerouac, *On the Road*, está logo abaixo de "pintar camisetas"). Entre as diversas anotações de Renato, merecem destaque as muitas ideias para discos, livros e filmes que pretendia fazer, incluindo, em lista de tarefas posterior, uma adaptação para ópera do romance *Bom-crioulo* (1895), de Adolfo Caminha, considerado o primeiro livro brasileiro com temática homossexual. Comum às diversas fases da vida de Renato — nessas listas em que, junto às pequenas tarefas do dia, há tantos grandes projetos a realizar —, a paixão pela vida e pelas artes se mostra ainda maior do que aquela que seus fãs podem ver nas admiráveis obras que deixou.

Mamãe é do PCB
Papai é do TFP
Meu irmão é da UnB
Sou viciado em LSD

A Legião dos Bandidos

Comissão Comitê Comando
Associação Organização Grupo
Banda Conjunto
Conselho
Reunião

Liga Acordo Sociedade Fraternidade Terreiro
Nunca foram nomes prováveis.

chor: Equipe clube tribo time

Tratado +
Concurso =
Trabalho <
Casta +
Seita =
Produções Limitada
Rede
Facção
Regimento
Partido
Matilha.

Somos Legião.

Complete under Cancer 16th July 1982.

Renato Russo.

ANOS 1980

[ÁLBUNS & CANÇÕES FAVORITOS]

SEMANA TERMINANDO EM 15 DE MARÇO

ÁLBUNS FAVORITOS:
TALES FROM TOPOGRAPHIC OCEANS - YES (ATLANTIC)
THE BASEMENT TAPES - BOB DYLAN AND THE BAND (CBS)
BOB DYLAN IN HIS OWN WORDS - BOB DYLAN (BOOTLEG)

CANÇÕES:
"WALK AWAY RENÉE" - LEFT SIDE (PHILIPS)
"THE REVEALING SCIENCE OF GOD" - YES (ATLANTIC)
"CLOTHES LINE SAGA" - BOB DYLAN AND THE BAND (CBS)
"IF YOU GOTTA GO, GO NOW" - BOB DYLAN (BOOTLEG)
"WORKING UP A SWEAT" - ALICE COOPER (WARNER BROS.)
"MIDNIGHT RAMBLER" (AO VIVO) - THE ROLLING STONES (LONDON/DECCA)
"GEORGY GIRL" - THE SEEKERS (PHILIPS)
"A MAN AND A WOMEN" - TRILHA SONORA (PHILIPS)
"YOU BY MY SIDE" - CHRIS SQUIRE (ATCO)
"HOLD ME" - CARL WILSON (CBS)

VICE-CAMPEÃS:
"AMERICAN PIE" - DON MCLEAN (UA)
"WE BELONG TOGETHER" - RICKIE LEE JONES (WEA)
"AREN'T YOU GLAD" - THE BEACH BOYS (CAPITOL)
"LA GÉNÉRATION PERDUE" - JOHNNY HALLYDAY (PHILIPS)

CANÇÕES FAVORITAS DE TODOS OS TEMPOS

1. **"IN MY LIFE" - THE BEATLES**
   Essa é um clássico instantâneo, melodia e letras lindas: *"There are places I remember [...] some have gone and some ~~remain~~ have changed [...] all theses places ~~had~~ have their moments [...] and people and things ~~that went before~~ I still can recall [...] in my life I've loved them all"*. ["Tem lugares que eu lembro, uns se foram e uns mudaram [...] todos eles tiveram seus momentos [...] e pessoas e coisas que ainda recordo [...] em minha vida eu amei todos."]

2. **"PARADE" - MAGAZINE**
   Um clássico menor, grande linha de sintetizador e versos: "Now that I'm out of touch with anger, now I've nothing to live up to" e "we must not be frail, we must watch". ["Agora que estou fora de contato com a raiva, agora que não tenho mais por que viver" e "não podemos ser frágeis, é preciso estar atento".]

3. **"MY WAY" - SID VICIOUS**
   O epitáfio de Vicious. O melhor single desde então.

4. **"GOOD VIBRATIONS" - THE BEACH BOYS**

                    a lista continua na próxima página,
                    ou melhor, vai ser refeita.

Maria, Maria
Música e letra de
Milton Nascimento e Fernando Brandt
3:03

Meu Menino
Música e letra de
Ana Terra e Danilo Caymmi
2:38

Tubular Bells
Música por Mike Oldfield
1:40

Palácio de Pinturas
Música por Egberto Gismonti
9:16

Nascente
Musica e letra de
Flávio Venturini e Murilo Antunes
3:21

Mucuripe
Música e letra de
Raimundo Fagner
3:37

DISCOS

THE SEX PISTOLS
The Great Rock 'n' Roll Swindle
Never Mind the Bollocks, Here's the Sex Pistols
The Sex Pistols / Story So Far
"My Way" - 12" single (capa com retrato)
"Anarchy in the UK / I Wanna Be Me" - 12" single (capa com retrato)
Never Mind the Bollocks, Here's the Sex Pistols (disco com retrato)

THE CLASH
The Cost of Living - EP
"(White Man) In Hammersmith Palais" - SINGLE
"Complete Control" - SINGLE
"Capital Radio" - SINGLE
"City of the Dead" - SINGLE
"1977" - SINGLE
"Pressure Drop" - SINGLE
e qualquer outro single / e lado B que não esteja no álbum

GENERATION X
Generation X
"King Rocker"

SIOUXSIE AND THE BANSHEES
The Scream
"Hong Kong [Garden]" - SINGLE
"[The] Staircase [(Mystery)]" - SINGLE
"Playground Twist" - SINGLE

THE JAM
Todos os álbuns lançados

SHAM 69
Todos os álbuns lançados
Todos os singles (só lado A) não incluídos nos álbuns

BUZZCOCKS
Todos os álbuns lançados
"Orgasm Addict" - SINGLE ou qualquer outro se não estiver incluído nos álbuns

THE RAMONES
It's Alive
o álbum novo (produzido por Phil Spector)

PiL
Public Image Ltd.
"Death Disco" - SINGLE

STIFF LITTLE FINGERS
Inflammable Material

THE POP GROUP
Y
e qualquer single não incluído no álbum

THE DICKIES
The Incredible Shrinking Dickies

THE DAMNED
Todos os álbuns lançados

X-RAY SPEX
Germfree Adolescents
e qualquer outro álbum (se tiverem lançado outros)

TALKING HEADS
More Songs about Buildings and Food

e um álbum de cada um dos seguintes:
THE RICH KIDS - *Ghosts of Princesses in Towers*
PERE UBU • WRECKLESS ERIC
GANG OF FOUR • 999 (primeiro álbum)
DOLL BY DOLL • BLONDIE *(Plastic Letters)*
THE MEMBERS • THE STRANGLERS (álbum novo, não o álbum ao vivo)

THE UNDERTONES
THE PRETENDERS
ANGELIC UPSTARTS
SLAUGHTER & THE DOGS
PENETRATION
THE RUBINOOS • ELVIS COSTELLO (*My Aim Is True*)
THE BOYS
THE BOOMTOWN RATS
etc.

MORE SONGS ABOUT BUILDINGS AND FOOD, TALKING HEADS
+ "HERE COME THE WARM JETS", BRIAN ENO

Impossível falar de TALKING HEADS sem falar de DAVID BYRNE, compositor da maior parte das músicas da banda, além de cantor e dançarino ímpar que separava cabeça, tronco e pernas nos movimentos e garantia a cada apresentação uma energia fora de escala. A formação original de 1975 — Byrne, Chris Frantz e sua namorada, Tina Weymouth — tornou-se completa com a chegada de Jerry Harrison em 1977. Tendo como berço a cena punk de Nova York, os Talking Heads estiveram entre os pioneiros do *new wave*, ao levar para o rock elementos do funk e das músicas africana e árabe.

MORE SONGS ABOUT BUILDINGS AND FOOD, listado por Renato entre outros discos, é o segundo álbum da banda, lançado em 1978. Os Taking Heads reaparecem com duas músicas nas listas de Renato: "DRUGS" e "LIFE DURING WARTIME", ambas lançadas no terceiro álbum, *Fear of Music*, de 1979.

Tanto o segundo quanto o terceiro álbum foram resultado da relação de quatro anos que mantiveram com o produtor inglês BRIAN ENO, também admirado por Renato como artista solo. "HERE COME THE WARM JETS", de seu álbum de estreia homônimo de 1974, e "SOME OF THEM ARE OLD", do mesmo disco, aparecem nas listas dos anos 1980. Já o álbum *AMBIENT 1: MUSIC FOR AIRPORTS*, de 1978, é listado por Renato nos anos 1990.

Depois do fim dos Talking Heads, em 1991, Byrne criou o selo Luaka Bop, que levou aos Estados Unidos artistas brasileiros revolucionários como Os Mutantes e Tom Zé.

MINHA PARADA DE SUCESSOS

POSIÇÃO ATUAL	ÚLTIMA POSIÇÃO NA TABELA	
1	—	**"DANNY SAYS"** - THE RAMONES / LOVE HURTS
2	—	**"KID"** - THE PRETENDERS/ **"IN MY HOUR OF DARKNESS"** - GP
3	—	**"AL THE GOOSE"** ["ME & MY GOOSE"] - ARLO GUTHRIE
4	1	**"BELSEN WAS A GAS"** - THE SEX PISTOLS
5	30	**"QUESTIONS AND ANSWERS"** - SHAM 69
6	—	**"DO YOU REMEMBER ROCK N'ROLL RADIO"** - THE RAMONES
7	20	**"GOOD SHEPHERD"** - JEFFERSON AIRPLANE
8	—	**"AQUARIUS"** - DO FILME *HAIR*
9	5	**"MOVIES"** - FLYIN' SPIDERZ
10	1	**"DAYS OF HEAVEN"** - ENNIO MORRICONE

VICE-CAMPEÃS:

"Precious" - THE PRETENDERS; "Spanish Bombs"/"The Right Profile" -
THE CLASH; "The Flesh Failures" - da peça *Hair*; "Easy to Be Hard" - do filme *Hair*;
"Mannequin" - WIRE; "Gloria" - PATTI SMITH; "The End" - THE DOORS;
"Turn My Life Down" - JEFFERSON AIRPLANE

FORA DA TABELA:

"Silly Thing"/"Lonely Boy"/"Substitute" - THE SEX PISTOLS; "Vincent" -
DON MCLEAN; "Storms" - FLEETWOOD MAC; "Alabama" - MICK TAYLOR;
"What Can This Be" ["Till Tomorrow"] - DON MCLEAN; "Martha" -
JEFFERSON AIRPLANE; "Daydream Nightmare" - THE GREAT SOCIETY;
"Fun, Fun, Fun" - THE BEACH BOYS; "I Was a Punk Before You Were a Punk" -
THE TUBES

[SÍMBOLOS]

1. CÍRCULO O
Origem, perfeição, roda, proteção, sol, vida

2. CRUZ +
Totalidade, equilíbrio perfeito, rigor, afirmação, princípio masculino, sol, repouso, tranquilidade — Equilíbrio, tensão, dualidade

3. TRIÂNGULO Δ
Proporção harmônica, recinto, casa

▼ masc.
▲ fem.

4. QUADRADO □
Forma básica do espaço, limitação, sólido

5. ESTRELA ★
Espiritualidade

6. ESPIRAL ◉
Forma dinâmica do tempo

oh, tédio!

oh boredom!

MINHA PARADA DE SUCESSOS ETERNOS

1. **"PROBLEMS"/"ANARCHY IN THE UK"** - THE SEX PISTOLS
   "A SONG FOR YOU" - GRAM PARSONS
   "PRISONER IN DISGUISE" - LINDA RONSTADT
   "HEART LIKE A WHEEL" - KATE & ANNA MCGARRIGLE
   "RACING IN THE STREET" - BRUCE SPRINGSTEEN
   "CAROLINE NO" - THE BEACH BOYS
   "A STRANGE BOY" - JONI MITCHELL
   "VINCENT" - DON MCLEAN
   "MAGGIE MAY" - ROD STEWART
   "TODAY" - [JERFFERSON AIRPLANE]
   "IN MY LIFE" - [THE BEATLES]

   et outras

"A SONG FOR YOU", GRAM PARSONS
+ "I KNEW I'D WANT YOU", THE BYRDS
+ THE FLYING BURRITO BROTHERS

"And I won't mind the people when they stare"
— GRAM PARSONS

»»»» "E eu não vou me importar com as pessoas quando elas ficarem olhando", anota Renato entre outras citações do começo dos anos 1980. O verso faz parte do refrão de uma música de GRAM PARSONS, "A SONG FOR YOU", que aparece em algumas das listas de Renato daquela época. A música foi lançada em 1973 no álbum GP, o primeiro trabalho solo do artista depois de participar das bandas THE BYRDS e THE FLYING BURRITO BROTHERS. Nascido em 1946 como Ingram Cecil Connor III, o cantor, compositor, pianista e violonista americano morreu de overdose de morfina e álcool meses depois do lançamento de seu álbum de estreia, aos 26 anos. Foi amigo íntimo de KEITH RICHARDS, dos ROLLING STONES, e é considerado o pai da *cosmic American music*, rompendo as barreiras entre country, folk, soul, bluegrass e rock.

GP aparece já nos anos 1970 nos cadernos de Renato, integrando a lista de dez álbuns de rock favoritos, e uma canção do álbum, "STILL FEELING BLUE", também é citada no romance de Renato, *The 42nd St. Band*, entre as sobras da banda fictícia. Já os Byrds estão presentes entre as bandas de rock preferidas, com a observação *"early stuff"*, ou "primeiros trabalhos", logo acima do próprio Gram Parsons.

Uma lista dos anos 1990 confirma que Renato seguiu ouvindo The Byrds. Nessa data, chama sua atenção "I KNEW I'D WANT YOU" (de autoria de Gene Clark, membro da banda desde o princípio, em 1964), o lado B do primeiro single do grupo, MR.

TAMBOURINE MAN (1965), que contava com uma gravação da música de BOB DYLAN que alcançou o primeiro lugar nas paradas de sucesso e ajudou a impulsionar o folk rock. Tanto Mr. Tambourine Man quanto THE NOTORIOUS BYRD BROTHERS (1968), também listado por Renato tardiamente, são anteriores à breve passagem de Gram Parsons pela banda.

Ainda nos anos 1990, Renato ouvia a música "HOT BURRITO #1", de *The Gilded Palace of Sin* (1969), o primeiro álbum dos Flying Burrito Brothers. A banda foi formada por Gram Parsons e outro dissidente dos Byrds, o baixista Chris Hillman.

"HEART LIKE A WHEEL", KATE & ANNA MCGARRIGLE

Na parada de sucessos eternos de Renato Russo estava "HEART LIKE A WHEEL", canção composta por ANNA MCGARRIGLE (1944-) e imortalizada na voz da dupla que Anna fazia com sua irmã KATE (1946-2010), mas também gravada por LINDA RONSTADT, uma das vozes prediletas de Renato (aliás, é possível encontrar registros em vídeo de um show em que Renato certamente gostaria de estar: Ronstadt e as irmãs McGarrigle, juntas, cantando "Heart Like a Wheel" em Nova York, em 1984).

Roda como o amor

Dizem que a roda é como o amor
Entortou, não conserta
E meu amor por você é navio naufragando
E meu coração viaja no oceano
Dizem que a morte é uma tragédia
Chega um dia e acabou-se
Mas eu só quero aquela
Fera profunda e negra
Pois de que vale a vida
Sem um bom amante
Quando o estrago está feito
O amor não tem remendo
sei que acontece quase sempre
o que eu não consigo entender
Deus pegue a minha mão
Por que foi acontecer comigo
E é só o amor e
É só o amor que
quebra um ser humano e
o vira pelo avesso
Dizem que a roda é como o amor
Entortou, não conserta
E meu amor por você é navio naufragando
E meu coração viaja no oceano
E é só o amor
E é só o amor

Transcrição de "Heart Like a Wheel",
de Kate & Anna McGarrigle,
em caderno de 1981-2.

HEART LIKE A WHEEL

Some say a heart is just like a wheel
when you bend it, you can't mend it
And my love for you is like
a sinking ship
And my heart is on a trip out in
the ocean
They say that death is a tragedy
It comes once and it's over
But my only wish is for
that deep dark beast
Cause what's the use of living
with no true lover
When harm is done
No love can be won
I know it happens frequently
What I can't understand
Oh God please hold my hand
Why it should have happened to me
And it's only love and
It's only love that can
wreck a human being and
turn him inside out
Some say a heart is just like a wheel
when you bend it, you can't mend it
And my love for you is like a sinking ship
And my heart is on a trip out in the ocean
And it's only love
And it's only love.

MEU TOP VINTE I

Semana terminando em 3 de outubro de 1981

POSIÇÃO NA TABELA	SEMANA PASSADA	CANÇÃO E ARTISTA
1	—	**"BIRDS OF PARADISE"/ "TALK OF THE TOWN"** - THE PRETENDERS (ARISTA)
2	—	**"WAITING ON A FRIEND"/"STAND ME UP"** - THE ROLLING STONES (EMI)
3	—	**"WORKING MAN"** ["I GOT MYSELF A WORKIN' MAN"] - ALBERTA HUNTER (CBS)
4	2/3	**"ALLEY OOP"** - THE BEACH BOYS (CAPITOL)
5	1	**"ANYTHING GOES"** - HARPERS BIZARRE (WARNER BROS.)
6	—	**"PRESENCE OF THE LORD"** - BLIND FAITH (POLYDOR)
7	4	**"'BOUT TIME"** - JOHN DAVIDSON, LESLEY ANN WARREN (BUENA VISTA)
8	5	**"WHAT WE ALL WANT"** - GANG OF FOUR (WEA)
9	—	**"WALK IN JERUSALEM"** - MAHALIA JACKSON (CBS)
10	6	**"ALL TOMORROW'S PARTIES"** - VELVET UNDERGROUND (MGM)
11	7	**"I'D DO ANYTHING"** - DO FILME *OLIVER!* (COLGEMS)
12	—	**"BOYS DON'T CRY"** - THE CURE (FAST PRODUCT)
13	—	**"... E O VENTO LEVOU"** - TRILHA SONORA (RCA)
14	11	**"LAST THING ON MY MIND"** - TOM PAXTON (FANTASY)
15	9	**"JOEY"** - BOB DYLAN (CBS)
16	14	**"WILD SIDE"** ["WALK ON THE WILD SIDE"] - LOU REED (RCA)
17	15	**"PRESSÃO SOCIAL"** - PLEBE RUDE (FITA)
18	8	**"I'LL BE YOUR MIRROR"** - NICO (MGM)
19	10	**"THE END"** - THE DOORS (ELEKTRA)
20	16	**"THE CALL UP"** - THE CLASH (CBS)

CINCO MELHORES ÁLBUNS

1. **THE ROLLING STONES** - *TATTOO YOU*
2. **THE BEACH BOYS** - *PARTY* [*THE BEACH BOYS' PARTY*]
3. **HARPERS BIZARRE** - *ANYTHING GOES*
4. **THE PRETENDERS** - *II* '[*PRETENDERS II*]
5. **BLIND FAITH** - *BLIND FAITH*

THE VELVET UNDERGROUND

"ALL TOMORROW'S PARTIES", "I'LL BE YOUR MIRROR", "VENUS IN FURS", "FEMME FATALE", "AFTER HOURS" e "PALE BLUE EYES" — eis algumas músicas citadas por Renato e compostas por um dos maiores letristas de todos os tempos, LOU REED, para a banda THE VELVET UNDERGROUND.

Emblemática banda da contracultura nova-iorquina, The Velvet Underground foi fundada em 1965 por Reed e John Cale. Enquanto faziam suas primeiras apresentações no Café Bizarre, no West Village de Manhattan, os músicos chamaram a atenção de Andy Warhol, que já tinha se estabelecido no mundo das artes plásticas e ensaiava a expansão de seu império para o rock 'n' roll com o estúdio Factory. Warhol se tornou então produtor do Velvet, trazendo a modelo alemã Nico para integrar o time como cantora. Como não tinha experiência na área, deixou os artistas totalmente livres na criação, o que talvez tenha ajudado a garantir a radicalidade e o sucesso do primeiro álbum da banda, *The Velvet Underground and Nico*, de 1966.

Esse foi o álbum — elencado em 13º entre os quinhentos melhores de todos os tempos pela revista *Rolling Stone* — que lançou a maior parte das músicas ouvidas e curtidas por Renato. No vinil original, a célebre banana desenhada por Warhol vinha com a recomendação *"Peel slowly and see"*, "descasque devagar e veja". Quem removesse a casca encontraria uma banana pink.

Já "Pale Blue Eyes" e "After Hours" fazem parte do terceiro álbum da banda, *The Velvet Underground* (1969). As duas chegaram a integrar o setlist do *Acústico MTV* da Legião Urbana, gravado em 1992, mas saíram do repertório final. Mesmo assim, Renato transcreveu a letra de "After Hours" em seu diário da época.

"TAKE A WALK ON THE WILD SIDE", também mencionada nas listas de Renato dos anos 1980, integra o álbum *Transformer* (1972), o primeiro da carreira solo de Lou Reed.

After Hours

If you close the door
The night could last forever
Leave the sunshine out
& say hello to never
All the people are dancing
& they're having such fun
I wish it could happen to me
But if you close the door
I'd never have to see the day again

If you close the door the night could last forever
Leave the wine-glass out & drink a toast to never
Oh someday I know someone will look into my eyes
& say: Hello, you're my very special one
But if you close the door —— INHTSTDA.

Dull party bars shiny Cadillac cars
& the people on subways & trains
Looking gray in the rain
as they stand: Disarray
over people who dwell in the dark

Transcrição de "After Hours", de Velvet Underground, em diário de 1991-2.

Altas horas

Se você fechar a porta
A noite não termina mais
Deixe a réstia de lado
E diga oi ao jamais
Todo mundo está dançando
& se divertindo tanto
Quem me dera fosse eu
Mas se você fechar a porta
Eu nunca mais vou ter de ver o dia

Se você fechar a porta a noite não termina mais
Deixe o vinho de lado e diga oi ao jamais
Ah, um dia eu sei que alguém vai me olhar no olho
& dizer: Oi, você é tão especial pra mim
Mas se você fechar a porta — ENMVTDVOD

Festas maçantes, Cadillacs brilhantes
& as pessoas nos trens e metrôs
Tão cinzentas no toró
Quando param: Confusão
Sobre aqueles que moram no breu

"WHAT WE ALL WANT", GANG OF FOUR

Se há uma banda surgida da atmosfera punk, politizada e experimental dos anos 1970 que sabia exatamente o que queria fazer — em termos estéticos e políticos — é o GANG OF FOUR. Originado em Leeds, Inglaterra, em 1977, o quarteto era formado por Jon King, Andy Gill, Dave Allen e Hugo Burnham, que levavam o casamento entre punk e funk a níveis extremos. Do nome inspirado em Mao Tsé-tung às letras que tematizavam as questões sociais de seu tempo, a iniciativa do Gang of Four de colocar suas composições a serviço da luta política deu nova consistência ao discurso contestador do punk. Já nas faixas de seu primeiro álbum, *Entertainment!* (1979), o termo "pós-punk" passou a fazer todo o sentido. E essa é a pegada que a banda teve até 1984, quando se separou.

Não por acaso, Gang of Four talvez seja a banda mais citada — não só como cultura musical, mas como referência perceptível — por Renato e vários músicos de sua geração em Brasília, que buscavam os caminhos do seu próprio pós-punk por aqui. "WHAT WE ALL WANT", por exemplo, que aparece entre as músicas prediletas de todos os tempos, com seu clima de "o que nós temos não é o que queremos", é muito próxima do tipo de convocação à luta, à mudança e ao inconformismo que marcaria o rock de Brasília.

"I GOT MYSELF A WORKIN' MAN", ALBERTA HUNTER

Nascida no Tennessee em 1895, a menina ALBERTA HUNTER encontrou no canto a ferramenta para lutar contra as dificuldades de sua infância. E não demorou para que, dos palcos das casas noturnas de Chicago, se tornasse uma das grandes vozes da música negra norte-americana. Depois de três décadas de sucesso, nos anos 1950, e com a morte de sua mãe, Alberta decidiu abandonar os palcos e se tornar enfermeira, profissão que exerceu por vinte anos. Quando a idade avançada a obrigou a largar o trabalho no hospital, Alberta retornou aos palcos e estúdios, até sua morte, em 1984.

MEU TOP VINTE II

Semana terminando em 10 de outubro

		SEMANA PASSADA
1	"YOUR SONG"	—
2	"LEVON"	—
3	"WAITING ON A FRIEND"	2
4	"BOYS DON'T CRY"	12
5	"BIRDS OF PARADISE"	1
6	"THIS GUY'S IN LOVE WITH YOU"	—
7	"SARA"	—
8	"HOLIDAY INN"	—
9	"MELLOW"	—
10	"STAND ME UP"	2
11	"THE TIMES THEY ARE A-CHANGIN'"	—
12	"JESSIE"	—
13	"GOOD VIBRATIONS"	—
14	"DO IT AGAIN"	—
15	"WHAT WE ALL WANT"	8
16	"INDIAN SUNSET"	—
17	"WORKING MAN" ["I GOT MYSELF A WORKIN' MAN"]	3
18	"TRY ME AGAIN"	—
19	"TALK OF THE TOWN"	1
20	"BORDER SONG"	—

FAIXAS 1, 2, 8, 9, 16 E 20 - ELTON JOHN (ECA!) (UNI)

FAIXAS 3 E 10 - THE ROLLING STONES (EMI)

FAIXA 4 - THE CURE (FAST PRODUCT)

FAIXAS 5 E 19 - THE PRETENDERS (WEA)

FAIXA 6 - THE LETTERMEN (A&M)

FAIXA 7 - BOB DYLAN (E 11 - TAMBÉM BEACH BOYS) (CBS)

FAIXA 12 - HARPERS BIZARRE (WARNER)

FAIXAS 13 E 14 - THE BEACH BOYS (E 11) (CAPITOL)

FAIXA 15 - GANG OF FOUR (WEA)

FAIXA 17 - ALBERTA HUNTER (CBS)

FAIXA 18 - LINDA RONSTADT (ASYLUM)

E AGORA OUTRAS
GRANDES TOP VINTE!

MINHAS FAVORITAS

semana terminando em 18 de outubro de 1981

ESTA SEMANA	SEMANA PASSADA	CANÇÃO & ARTISTA
1	3	"WAITING ON A FRIEND" - THE ROLLING STONES
2	— ↓	"FLOWERS OF ROMANCE" - PUBLIC IMAGE
3	4 ↑	"BOYS DON'T CRY" - THE CURE
4	— ↓	"SOME OF THEM" ["SOME OF THEM ARE OLD"]/"WARM JETS" ["HERE COME THE WARM JETS"] - BRIAN ENO
5	— ↓	"GREEN ONIONS" - BOOKER T. & THE M.G.'S
6	— ↓	"PEPPERMINT TWIST" - THE COASTERS
7	— ↑	"ALL SUMMER LONG" - THE BEACH BOYS
8	↑ 15 ↓	"WHAT WE ALL WANT" - GANG OF FOUR
9	— ↓	"FEMME FATALE" - NICO & VELVET UNDERGROUND
10	— ↑	"DRUGS" - TALKING HEADS
11	12 ↑	"JESSIE" - HARPERS BIZARRE
12	18 ↑	"TRY ME AGAIN" - LINDA RONSTADT
13	8 ↓	"HOLIDAY INN" - ELTON JOHN
14	— ↓	"GLORY" - TELEVISION
15	— ↓	"REFLECTIONS" - SALLY KELLERMAN
16	— ↓	"DARK ENTRIES" - BAUHAUS
17	5 ↓	"BIRDS OF PARADISE" - THE PRETENDERS
18	— ↑	"TEXAN LOVE SONG" - ELTON JOHN
19	— ↑	"A STRANGE BOY" - JONI MITCHELL
20	— ↑	"GIMME SHELTER"/"MIDNIGHT RAMBLER" - THE ROLLING STONES

THE FLOWERS OF ROMANCE, PUBLIC IMAGE LTD.

Um ex-integrante dos SEX PISTOLS, JOHN LYDON (que antes se apresentava como Johnny Rotten), e outro do THE CLASH, KEITH LEVENE, são a base do PUBLIC IMAGE LTD., ou simplesmente PiL, que durou de 1978 a 1993. O que veio dali foi não apenas o pós-punk feito por figuras centrais da cena anterior, mas uma nova fase de experimentação musical que carregava em si a força do punk e se abria para outras formas de expressar sua indignação. First Issue (1978), Metal Box (1979) e THE FLOWERS OF ROMANCE (1981) são o testemunho dessa disposição para reinventar o punk — ou, quem sabe, o rock.

Não foram poucas as vezes em que Renato citou PiL nos seus cadernos ou falou sobre sua admiração por Lydon e companhia. "FLOWERS OF ROMANCE", entre suas canções favoritas, cantada com a mesma intensidade de uma letra punk e em meio a pancadas sonoras, é, no entanto, o grito de alguém que quer se reconstruir. Quem antes tudo destruía (até a si próprio) quer começar de novo e, se possível, ser feliz.

Imagem pública

Imagem pública
Você conseguiu o que queria
Essa imagem pública
Agora é minha
~~É o meu ingresso~~ É o meu ódio
~~Minha própria criação~~ Da minha criação
Meu grand finale
Meu adeus

Public Image
You got what you wanted
This Public Image
Belongs to me
It's my hatred
Towards my own creation
My grand·finale
My goodbye.

Transcrição de "Public Image", de Public Image, em caderno de 1981. Optamos por reproduzir com rasuras a letra original, modificada por Renato em suas anotações.

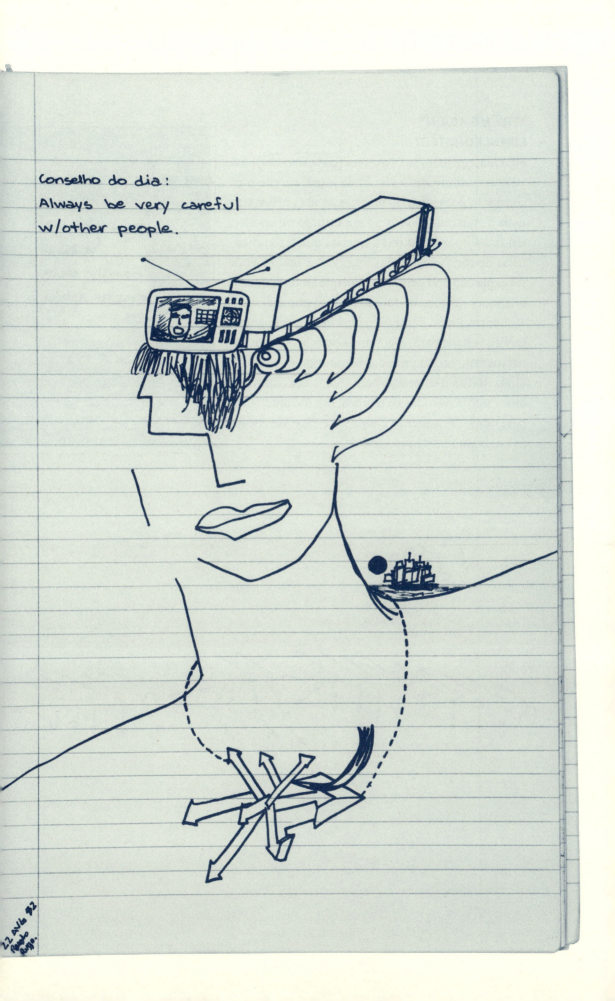

"TRY ME AGAIN", LINDA RONSTADT

Nascida em 1946, no Arizona, LINDA RONSTADT atravessou o último meio século da música como uma constante, colecionando prêmios a cada um dos seus mais de quarenta discos — em estúdio ou ao vivo, em trabalho solo ou nas parcerias que fez com artistas de várias tendências musicais. E isso só pode ser explicado pela perfeição com que Linda fazia soar quaisquer canções, do folk ao rock ao pop e além.

Renato Russo era um de seus fãs: mesmo com a cabeça voltada para as guitarras pesadas e os vocais nervosos do rock, nunca deixou de anotar o nome de Linda Ronstadt entre suas predileções, ora como melhor cantora de todos os tempos, ora incluindo canções como "Prisoner in Disguise" e "Try Me Again" nas suas paradas de sucessos.

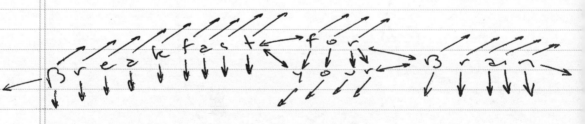

MEU TOP VINTE III

Semana terminando em 25 de outubro

1. **"LIFE DURING WARTIME"** - TALKING HEADS
2. **"FLOWERS OF ROMANCE"** - PiL
3. **"BOYS DON'T CRY"** - THE CURE
4. **"WE LOVE YOU"** - PSYCHEDELIC FURS
5. **"DARK ENTRIES"** - BAUHAUS
6. **"EMPIRE STATE"** - HUMAN LEAGUE
7. **"QUICHE LORRAINE"** - B-52's
8. **"WAITING ON A FRIEND"** - THE ROLLING STONES
9. **"WHAT WE ALL WANT"** - GANG OF FOUR
10. **"VENUS IN FURS"** - THE VELVET UNDERGROUND
11. **"EDITIONS OF YOU"** - ROXY MUSIC
12. **"GANGSTERS"** - THE SPECIALS
13. **"ANTMUSIC"** - ADAM AND THE ANTS
14. **"BAADER-MEINHOF BLUES"** - Æ [ABORTO ELÉTRICO]
15. **"TOO MANY CREEPS"** - BUSH TETRAS
16. **"GLORY"** - TELEVISION
17. **"CALL UP"** - THE CLASH
18. **"ARE EVERYTHING"** - BUZZCOCKS
19. **"TOILET LOVE"** - WAYNE COUNTY & THE ELECTRIC CHAIRS
20. **"WARM JETS"** [**"HERE COME THE WARM JETS"**]- BRIAN ENO

"BOYS DON'T CRY", THE CURE

Formada em 1976 na Inglaterra com o nome The Easy Cure, a banda (THE CURE) se tornou uma das mais populares do país nos anos 1980. Seu primeiro single, "Killing an Arab" (1978) — inspirado no livro *O estrangeiro*, de Albert Camus —, e o álbum de estreia, *Three Imaginary Boys* (1979), foram fundamentais para o desenvolvimento das cenas pós-punk, *new wave* e gótica.

"BOYS DON'T CRY" foi o segundo single lançado pela banda, em 1979, e figurou em vários dos "top vinte" de Renato de 1981, o que revela como o músico estava antenado com a cena inglesa do rock — nos Estados Unidos a banda só se tornaria conhecida em 1986, e para o Brasil eles só viriam em 1987. Escrita por Michael Dempsey, Robert Smith e Lol Tolhurst (amigos de colégio que criaram o grupo), a letra de "Boys Don't Cry" fala de um homem que desiste de tentar reconquistar um amor perdido.

The Cure teve inúmeras formações, sempre com o vocalista e guitarrista (ROBERT SMITH) à frente, que desde meados dos anos 1980 chama a atenção por seu estilo gótico e andrógino — suas marcas registradas são o pó branco, os lábios manchados de batom vermelho, os olhos pintados de tons escuros e os cabelos pretos desalinhados. Smith chegou a fazer parte da banda Siouxsie and the Banshees, de que Renato também gostava bastante.

OS MELHORES LIVROS QUE VOCÊ JÁ LEU
(QUE CONSEGUE LEMBRAR)

1. *O APANHADOR NO CAMPO DE CENTEIO* J. D. SALINGER
2. *ADMIRÁVEL MUNDO NOVO* ALDOUS HUXLEY
3. CONTOS EDGAR ALLAN POE
4. *A IMPORTÂNCIA DE SER PRUDENTE* OSCAR WILDE
5. *ADONAÏS* PERCY SHELLEY
6. *O TRISTE FIM DE POLICARPO QUARESMA* LIMA BARRETO
7. *CAPITÃES DA AREIA* JORGE AMADO
8. OBRAS COMPLETAS ALBERTO CAEIRO
9. *O PRÍNCIPE FELIZ E OUTRAS HISTÓRIAS* OSCAR WILDE
10. *O MARINHEIRO* FERNANDO PESSOA
11. *ALGUMA POESIA* CARLOS DRUMMOND DE ANDRADE
12. *O BANQUETE* PLATÃO
13. *SANTA JOANA, PIGMALEÃO, ANDRÓCLES E O LEÃO* GEORGE BERNARD SHAW
14. POESIA COMPLETA W. H. AUDEN
15. *AVENTURAS DE ALICE NO PAÍS DAS MARAVILHAS* LEWIS CARROLL
16. *... E O VENTO LEVOU* MARGARET MITCHELL
17. *SÃO CRISTÓVÃO* EÇA DE QUEIRÓS
18. *O ENCONTRO MARCADO* FERNANDO SABINO
19. *THE RAPE OF THE A*P*E**? [ALLAN SHERMAN]
20. *ÉTICA* ESPINOSA

DE HERMANN HESSE: *NARCISO E GOLDMUND*
          O LOBO DA ESTEPE
DE THOMAS MANN: *MORTE EM VENEZA*
QUALQUER COISA DE GERTRUDE STEIN
QUALQUER COISA DE ÁLVARO DE CAMPOS
DE VIRGINIA WOOLF: *ORLANDO*
DE SIR THOMAS MALORY: *LE MORTE D'ARTHUR*
DE T. H. WHITE: *A ESPADA NA PEDRA*

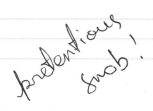

pretentious snob!

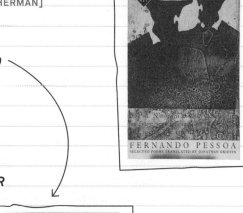

O APANHADOR NO CAMPO DE CENTEIO, J. D. SALINGER

"Se querem mesmo ouvir o que aconteceu, a primeira coisa que vão querer saber é onde eu nasci, como passei a porcaria da minha infância, o que meus pais faziam antes que eu nascesse, e toda essa lenga-lenga tipo David Copperfield, mas, para dizer a verdade, não estou com vontade de falar sobre isso."

Publicado em 1951, assim começa o mais famoso romance de J. D. SALINGER, um dos livros mais controversos e adorados do século XX.

Depois de ser expulso de um internato para garotos, o jovem rebelde Holden Caulfield decide ficar um fim de semana em Nova York, onde passa por experiências transformadoras. Entre a infância e a vida adulta, Holden narra suas desilusões e frustrações adolescentes numa linguagem muito própria, recheada de gírias e palavrões. É apaixonado pela irmãzinha Phoebe, que, por ser criança, lhe parece uma das últimas detentoras da pureza no mundo.

Pode ser considerado um romance de formação (do alemão *Bildungsroman*): aquele que mostra um percurso de transformação e aprendizagem de um indivíduo em sua relação problemática com o mundo.

Clássico, o livro integra não só a lista de Renato, mas a de muitos outros críticos literários. Foi lançado no Brasil em 1965 pela Editora do Autor, com tradução de Álvaro Alencar, Antônio Rocha e Jório Dauster.

"Alguém tinha escrito 'Foda-se' na parede. Fiquei furioso de ódio. Imaginei a Phoebe e todas as outras crianças lendo o que estava escrito: iam ficar pensando que diabo significava aquilo, até que, afinal, algum garoto sujo ia dizer a elas — naturalmente tudo errado — o que queria dizer aquela palavra. E elas todas iam ficar pensando na coisa, e talvez até se preocupando com aquilo durante alguns dias. Me deu vontade de matar o safado que tinha escrito aquilo. Imaginei que devia ter sido algum tarado, que havia entrado escondido na escola tarde da noite, para dar uma mijada ou coisa parecida, e aí tivesse escrito aquilo na parede. Me imaginei pegando o sacana em flagrante e batendo com a cabeça dele nos degraus de pedra, até que ele estivesse todo ensanguentado e bem morto. Mas eu sabia também que não ia ter coragem de fazer um negócio desses."

O assassino de (JOHN LENNON), Mark David Chapman, não só estava com o livro de Salinger quando atirou no Beatle, em 8 de dezembro de 1980 — data lembrada por Renato mais tarde —, como havia assinado "Holden Caulfield" no exemplar, logo abaixo da frase "Isto é o que tenho a declarar", e começou a ler trechos da obra depois do disparo. Meses depois o assassino justificou o ato com o seguinte trecho da obra:

"Seja lá como for, fico imaginando uma porção de garotinhos brincando de alguma coisa num baita campo de centeio e tudo. Milhares de garotinhos, e ninguém por perto — quer dizer, ninguém grande — a não ser eu. E eu fico na beirada de um precipício maluco. Sabe o que que eu tenho de fazer? Tenho que agarrar todo mundo que vai cair no abismo. Quer dizer, se um deles começar a correr sem olhar onde está indo, eu tenho que aparecer de algum canto e agarrar o garoto. Só isso que eu ia fazer o dia todo. Ia ser só o apanhador no campo de centeio e tudo."

Da mesma forma, o livro foi encontrado no quarto de hotel do atirador que tentou matar Ronald Reagan, em 1981, e estava em posse de Robert John Bardo quando matou a atriz Rebecca Schaeffer, em 1989.

Renato se lembra da vigília convocada uma semana depois da morte de John Lennon: »»»»» "No final de 1980, por ocasião dos sete dias da morte de John Lennon, estava programado um evento mundial: dez minutos de meditação e silêncio. Acho que era o dia 16 de dezembro, no Brasil o horário seria às quatro horas. Na época ainda tocava no meu primeiro conjunto de rock, o Æ (Aborto Elétrico), e tínhamos uma apresentação no Cruzeiro, cidade-satélite de Brasília, uma coisa bem amadorística mas que levávamos muito a sério. [...] Eu estava me sentindo todo cósmico, paz e amor, principalmente porque, no momento exato do início da meditação, o céu, que estava cinzento e carregado, começou a abrir, o que achei que era alguma espécie de sinal. Em exatos dez minutos, o sol tinha voltado a brilhar" (RR, *SÓ POR HOJE E PARA SEMPRE: DIÁRIO DO RECOMEÇO*, PP. 57-8).

Jerome David Salinger, mais conhecido como J. D. SALINGER (1919-2010), nasceu e cresceu em Nova York. Escrevia contos desde cedo, mas ficou conhecido em 1948 com a publicação de "Um dia ideal para os peixes-banana" na revista americana *The New Yorker*. É autor de diversas outras novelas e contos, como "Franny e Zooey", "Carpinteiros, levantem bem alto a cumeeira" e "Seymour, uma apresentação". Notório recluso, Salinger parou de publicar em 1965.

»»»» "Uma coisa para a qual eu estou me esforçando é ter uma disciplina mental, não no sentido besta da palavra, mas para organizar e tentar lembrar coisas que eu gostaria de escrever... Como foram as nossas primeiras viagens para o Rio e São Paulo... Algo que nem em *The Catcher in the Rye*, quando o Holden fala que ele gosta de um livro se depois ele fica querendo que aquela pessoa exista e fica com vontade de conhecê-la. Eu gostaria de criar personagens assim." (RR, ENTREVISTA A BIA ABRAMO, *BIZZ*, ABRIL DE 1986)

Salinger foi o criador da célebre família Glass, de adolescentes brilhantes e adultos problemáticos que reaparecem em vários de seus contos e inspiraram personagens de obras alheias, como o filme *Os excêntricos Tenenbaums* (2001), de Wes Anderson. O segundo filho da família, Webb Gallagher "Buddy" Glass, narrador de certas ficções de Salinger, reivindica a autoria de algumas delas, inclusive do próprio Apanhador, o único romance do escritor.

ADONAÏS, PERCY BYSSHE SHELLEY

Ainda sem tradução publicada no Brasil, o poema de 1821 homenageia JOHN KEATS (1795-1821), poeta romântico contemporâneo e conterrâneo de Shelley, morto de tuberculose um ano antes do autor.

PERCY BYSSHE SHELLEY (1792-1822) foi um poeta romântico inglês. Como estudante da Universidade de Oxford, a primeira obra que publicou foi um romance gótico, *Zastrozzi* (1810). Em 1811, com a publicação do panfleto "The Necessity of Atheism" [A importância do ateísmo], foi expulso da universidade e acabou rompendo com seu pai. Depois de sua primeira mulher se suicidar, casou-se com Mary Shelley, autora de *Frankenstein*, obra escrita durante as férias que o casal passou em Genebra, em 1818, na companhia de

Lord Byron. Por acreditar no amor livre, perdeu a custódia de seus dois filhos do primeiro casamento. Escreveu poemas revolucionários que trataram de incesto e atacaram a religião. Nos últimos anos de sua vida, morou na Itália, onde escreveu seus melhores poemas, como *Prometheus Unbound* (1820) e o próprio ADONAÏS. Morreu afogado pouco antes de completar trinta anos.

No dia 5 de julho de 1969, MICK JAGGER leu uma parte do poema na cerimônia em homenagem a BRIAN JONES no Hyde Park em Londres, para uma multidão de quase 300 mil pessoas. Jones, fundador e guitarrista dos Rolling Stones, tinha se afogado dois dias antes na piscina de sua casa.

6.
He hath awakened from the dream of life
'Tis we, who lost in stormy visions, keep
With phantoms an unprofitable strife,
And in mad trance, strike with our spirit's knife
Invulnerable nothings. — We decay
Like corpses in a charnel; fear and grief
Convulse us and consume us day by day,
And cold hopes swarm like worms within our living clay.

The One remains, the many change and pass;
Heaven's light forever shines, Earth's shadows fly;
Life, like a dome of many-coloured glass,
Stains the white radiance of Eternity,
Until Death tramples it to fragments. — Die,
If thou wouldst be with that which thou dost seek!
Follow where all is fled!

6.
Ele acordou do sonho desta vida;
E erramos por visões tempestuosas
Contra fantasmas em luta sem guarida,
E em louco transe a espada d'alma lida
Golpes no nada invulnerável. — Ruína
Somos corpos nas covas; medo e dor
Fazem da convulsão a nossa sina,
E a fria espera é verme nesta terra fina.

Só o Um persiste, e o resto perde a cor;
Reluz o Céu, terrena sombra evade;
A vida, igual vitral de furta-cor,
Mancha o alvo esplendor da Eternidade,
Até que a Morte destrutiva invade.
— Morra pra ver aquilo que procura!
Siga onde tudo foge!

Renato era tão fã dos Stones que fez de Brian Jones e Mick Taylor personagens de seu livro *The 42nd St. Band: Romance de uma banda imaginária*, publicado em 2016. Na história, os garotos que futuramente formarão a banda partem para o Monterey International Pop Festival em 1967 e lá têm a chance de conhecer Jones. Mais tarde, conhecerão também Taylor — guitarrista que sucedeu Jones nos Rolling Stones e que foi apresentado aos fãs durante o memorial no Hyde Park.

»»» "Mas a melhor parte foi quando o Jesse viu o Brian Jones. Não dava pra acreditar. Ele estava numa barraca de hambúrguer perto do palco, conversando com alguém, e a gente passou do lado dele, fingindo que estava comendo. O Jesse queria perguntar se ele era realmente o Brian Jones, mas não teve coragem. O Eric se esticou para escutar o que aquele possível Brian Jones estava falando, ficou ali parado bebendo sua coca-cola, e o homem perguntou quantos anos ele tinha. O Jesse ficou tão empolgado que nem conseguiu falar. O Eric começou a conversar com ele, no seu melhor sotaque britânico, respondendo a perguntas como: 'Você é inglês? Como vocês chegaram aqui?'. E ele finalmente perguntou pro cara se ele era mesmo o Brian Jones. Ele disse 'sim'. O Jesse gritou, bem alto: 'Brian Jones! Uau!'. Acho que a gente deve ter pulado que nem macaco porque ele olhou com cara de espanto. O Jesse disse que tinha todos os discos e tal, e Brian deu um autógrafo pra ele, assinando do lado de dentro de um maço de cigarros que o Jesse pegou no chão. O Jesse ainda tem o autógrafo. Quando a empolgação passou, conversamos com ele por uns dez minutos, mais sobre música. O Eric perguntou sobre drogas. Brian disse pra ele que éramos muito jovens pra pensar nisso e que, se um dia a gente quisesse provar alguma coisa, era melhor só fumar um baseado e nada mais, porque você se vicia em outras drogas e acaba numa pior. Mais tarde o Jesse me contou das histórias que ele tinha lido, que o Brian estava sempre chapado usando speed e muito ácido. Eu me recusei a acreditar nisso." (RR, *THE 42ND ST. BAND*, PP. 27-8)

Em outro trecho, os músicos da banda estão imaginando quem seria quem se eles encenassem os Rolling Stones, e Russell — alter ego de Renato — é Brian Jones:

»»» "Robbins era Jagger, Buck era Richard, Beauvy era Watts, Russell era Brian Jones, e a gente tinha o Mick Taylor para ser ele mesmo." (RR, *THE 42ND ST. BAND*, P. 108)

SANTA JOANA, PIGMALEÃO, ANDRÓCLES E O LEÃO, G. B. SHAW

Personagem vigorosa, vital e rebelde contra os valores que a cercam, SANTA JOANA é considerada uma das melhores criações de GEORGE BERNARD SHAW. Encenada pela primeira vez em 1923, é também uma de suas peças mais populares, embora seja inusitada, destilando as opiniões de Shaw sobre política, religião e criatividade. Também entre as peças mais famosas de Shaw, PIGMALEÃO (1913) foi adaptada ao cinema em 1938 e ganhou o Oscar de melhor roteiro adaptado (pelo próprio autor). Mais tarde, em 1956, o roteiro foi convertido no musical (MINHA BELA DAMA), adaptado como filme musical em 1964 com Audrey Hepburn e vencedor de oito prêmios do Oscar. Na trama, o professor de fonética Henry Higgins aposta que conseguirá transformar a florista Eliza Doolittle em uma dama da alta sociedade em apenas seis meses. A comédia reconta o clássico mito de Pigmaleão, um rei que se apaixona pela estátua de uma mulher, com o olhar crítico do socialista e feminista que era Shaw.

ANDRÓCLES E O LEÃO (1912) é uma peça inspirada no mito de Andrócles, um escravo salvo pela misericórdia de um leão. Na peça, Shaw torna Andrócles um dos muitos cristãos a ser levado ao Coliseu e torturado. Os personagens da peça tematizam diversos temas, inclusive o choque cultural entre os ensinamentos de Jesus e os valores tradicionais romanos. *Andrócles* foi traduzida para uma encenação no teatro O Tablado, no Rio de Janeiro, em 1966, mas nunca foi publicada no Brasil. A edição que reúne as três peças, lida por Renato, foi publicada em 1945 pela Edition for the Forces.

(GEORGE BERNARD SHAW) (1856-1950) nasceu em Dublin, na Irlanda. Ganhou o prêmio Nobel em 1925 "por sua obra marcada tanto por idealismo como por humanidade, sua estimulante sátira, frequentemente enriquecida com uma beleza poética singular". Foi o único autor até hoje a ganhar o Nobel e um Oscar. *Shavist* (ou shaviano) foi o adjetivo de língua inglesa cunhado por críticos para dar conta de sua brilhante persona, uma união de showman, sátiro, crítico, arguto, bufão intelectual e dramaturgo.

MORTE EM VENEZA, THOMAS MANN

»»» "Teve uma época em que li muito Thomas Mann... Mas, espera aí! Isto pode parecer que eu sou pedante, citando esse pessoal. Eu não fico trancado em casa lendo Mann, não é só isso." (RR, 1988)

Nascido no seio da alta burguesia tradicional alemã, em Lübeck, THOMAS MANN (1875-1955) descende de índios pelo lado de sua mãe, brasileira, o que, segundo o crítico Anatol Rosenfeld, sempre o manteve de certa forma à parte dos seus e ajudou a determinar sua missão como escritor e artista.

Publicada em 1912, a novela *A MORTE EM VENEZA* tem como personagem principal o escritor Gustav von Aschenbach, que viaja a Veneza para restabelecer sua saúde, mas acaba sucumbindo ao conflito moral e metafísico que a paixão pelo jovem Tadzio, hospedado no mesmo hotel, lhe inspira.

O amor homoafetivo e platônico, assim como a criação artística, são temas que podem ter atraído especialmente a atenção de Renato para esse clássico do século XX.

OS POETAS DE RENATO

Em diversas entrevistas durante sua carreira, Renato Russo foi confrontado com perguntas sobre suas leituras. Não era por acaso. Renato era um líder de banda de rock cujo perfil mesclava traços da cultura punk e as manias de um legítimo nerd. Nunca foi segredo que o jovem Renato, antes de colocar as mãos num instrumento ou fazer suas primeiras letras, já havia lido infinitas páginas de livros e revistas sobre instrumentos, letras, bandas etc. Seu diferencial, no entanto, foi sempre ter feito

o uso mais imediato de todo esse conhecimento como combustível para sua imensa criatividade. Tudo o que leu, ouviu, assistiu, de certo modo, foi incorporado ao seu próprio trabalho artístico.

Era assim com a leitura de poesia. Sempre que falou de poetas, lembrava daqueles que amava como leitor, mas também daqueles que o alimentavam como artista. Os nomes mais recorrentes sempre foram os de FERNANDO PESSOA (com especial predileção pelo heterônimo ALBERTO CAEIRO), CARLOS DRUMMOND DE ANDRADE e W. H. AUDEN.

O poeta é um fingidor
Que finge o que sempre sente
E o sempre é sempre a gente
B somos todos iguais.
E sabemos o que não sabemos.
E queremos o que queremos.

E somos todos só

O ônibus passam lá fora e já discuti fortemente com um amigo meu

Acerca
Das dúvidas
Dos homens.

(E não são homens. É humanidade...
Rimbaud. Pessoa. Auden. Shakespeare. Assis.
Rabelais. Joyce. Drummond!!!.

FERNANDO PESSOA (Lisboa, Portugal, 1888-1935)
O guardador de rebanhos, de Alberto Caeiro

V

Há metafísica bastante em não pensar em nada.

O que penso eu do mundo?
Sei lá o que penso do mundo!
Se eu adoecesse pensaria nisso.

Que ideia tenho eu das cousas?
Que opinião tenho sobre as causas e os efeitos?
Que tenho eu meditado sobre Deus e a alma
E sobre a criação do Mundo?
Não sei. Para mim pensar nisso é fechar os olhos
E não pensar. É correr as cortinas
Da minha janela (mas ela não tem cortinas).

O mistério das cousas? Sei lá o que é mistério!
O único mistério é haver quem pense no mistério.
Quem está ao sol e fecha os olhos,
Começa a não saber o que é o sol
E a pensar muitas cousas cheias de calor.
Mas abre os olhos e vê o sol,
E já não pode pensar em nada,
Porque a luz do sol vale mais que os pensamentos
De todos os filósofos e de todos os poetas.
A luz do sol não sabe o que faz
E por isso não erra e é comum e boa.

Metafísica? Que metafísica têm aquelas árvores?
A de serem verdes e copadas e de terem ramos
E a de dar fruto na sua hora, o que não nos faz pensar,
A nós, que não sabemos dar por elas.
Mas que melhor metafísica que a delas,
Que é a de não saber para que vivem
Nem saber que o não sabem?

"Constituição íntima das cousas"…
"Sentido íntimo do Universo"…
Tudo isto é falso, tudo isto não quer dizer nada.
É incrível que se possa pensar em cousas dessas.
É como pensar em razões e fins
Quando o começo da manhã está raiando, e pelos lados das árvores

Um vago ouro lustroso vai perdendo a escuridão.

Pensar no sentido íntimo das cousas
É acrescentado, como pensar na saúde
Ou levar um copo à água das fontes.

O único sentido íntimo das cousas
É elas não terem sentido íntimo nenhum.

Não acredito em Deus porque nunca o vi.
Se ele quisesse que eu acreditasse nele,
Sem dúvida que viria falar comigo
E entraria pela minha porta dentro
Dizendo-me, *Aqui estou!*

(Isto é talvez ridículo aos ouvidos
De quem, por não saber o que é olhar para as cousas,
Não compreende quem fala delas
Com o modo de falar que reparar para elas ensina.)

Mas se Deus é as flores e as árvores
E os montes e sol e o luar,
Então acredito nele,
Então acredito nele a toda a hora,
E a minha vida é toda uma oração e uma missa,
E uma comunhão com os olhos e pelos ouvidos.

Mas se Deus é as árvores e as flores
E os montes e o luar e o sol,
Para que lhe chamo eu Deus?
Chamo-lhe flores e árvores e montes e sol e luar;

Porque, se ele se fez, para eu o ver,
Sol e luar e flores e árvores e montes,
Se ele me aparece como sendo árvores e montes
E luar e sol e flores,
É que ele quer que eu o conheça
Como árvores e montes e flores e luar e sol.

E por isso eu obedeço-lhe,
(Que mais sei eu de Deus que Deus de si próprio?),
Obedeço-lhe a viver, espontaneamente,
Como quem abre os olhos e vê,
E chamo-lhe luar e sol e flores e árvores e montes,
E amo-o sem pensar nele,
E penso-o vendo e ouvindo,
E ando com ele a toda a hora.

CARLOS DRUMMOND DE ANDRADE (Itabira, MG, 1902-87)

Sentimento do mundo

Sentimento do mundo

Tenho apenas duas mãos
e o sentimento do mundo,
mas estou cheio de escravos,
minhas lembranças escorrem
e o corpo transige
na confluência do amor.

Quando me levantar, o céu
estará morto e saqueado,
eu mesmo estarei morto,
morto meu desejo, morto
o pântano sem acordes.

Os camaradas não disseram
que havia uma guerra
e era necessário

trazer fogo e alimento.
Sinto-me disperso,
anterior a fronteiras,
humildemente vos peço
que me perdoeis.

Quando os corpos passarem,
eu ficarei sozinho
desfiando a recordação
do sineiro, da viúva e do microscopista
que habitavam a barraca
e não foram encontrados
ao amanhecer

esse amanhecer
mais noite que a noite.

WYSTAN HUGH AUDEN (York, Inglaterra, 1907-73)

Halfway

Having abdicated with comparative ease
And dismissed the greater part of your friends,
Escaping by submarine
In a false beard, half-hoping the ports were watched,
You have got here, and it isn't snowing:
How shall we celebrate your arrival?

Of course we shall mention
Your annual camp for the Tutbury glass-workers,
Your bird-photography phase, your dream at the Hook,
Even your winter in Prague, though not very fully:
Your public refusal of a compass
Is fixed for to-morrow.

Now look at this map.
Red means a first-class, yellow a second-class road,

Crossed swords are for battlefields, gothic characters
For place of archaeological interest.

Our man will drive you as far as the Shot Tower:
Further than that, we fear, is impossible.
At Bigsweir look out for the Kelpie.
If you meet Mr. Wren it is wiser to hide.
Consult before leaving a water-doctor.
Do you wish to ask any questions?

Good. You may go.

January 1930

A meio caminho

Tendo abdicado facilmente, em termos comparativos,
E despachado teus amigos quase todos,
Escapando de submarino
Com uma barba postiça, meio à espera de que os portos estivessem vigiados,

Chegaste até aqui e não está nevando:
Como iremos celebrar tua chegada?

Haveremos de mencionar, naturalmente,
Teu acampamento anual para os trabalhadores vidreiros de Tutbury,
Tua fase de fotografar pássaros, o teu sonho no Hook,
Mesmo o teu inverno em Praga, embora sem muitos pormenores.
Tua pública recusa de uma bússola
Está marcada para o dia de amanhã.

Olha agora este mapa.
O vermelho quer dizer estrada de primeira, o amarelo de segunda,
As palavras riscadas são campos de batalha, os caracteres góticos
Indicam pontos de interesse arqueológico.

Nosso homem te levará de carro até a Torre de Tiro;
Receamos ser impossível ir mais longe do que isso.

Em Bigsweir trata de procurar o Kelpie.
Se encontrares o sr. Wren é melhor te esconderes dele.
Antes de partir, consulta um hidroterapeuta.
Tens alguma pergunta? Não?
Está bem. Já podes ir.

(WHA, *POEMAS*, TRAD. DE JOSÉ PAULO PAES, COMPANHIA DAS LETRAS)

POETAS CONTEMPORÂNEOS

> Poets:
> Carlito Azevedo
> Claudia Roquete Pinto
> Augusto Massi
> Julio Castañon

Num de seus cadernos, já em meados dos anos 1990, Renato Russo anota, sem comentários, os nomes de quatro poetas brasileiros que despontaram à época: JÚLIO CASTAÑON GUIMARÃES (1951-), AUGUSTO MASSI (1959-), CARLITO AZEVEDO (1961-) E CLAUDIA ROQUETTE-PINTO (1963-). Talvez tenha sido a indicação de algum amigo para que lesse os poetas que estavam surgindo ao seu redor: Júlio já havia lançado livros em pequenas tiragens nas décadas anteriores, mas nos anos 1990 lançou *Inscrições* (1992). Os outros três apareceram em livros na primeira metade dos 1990, Augusto com *Negativo* (1991), Carlito com *Collapsus linguae* (1991) e *As banhistas* (1993) e Claudia com *Os dias gagos* (1991) e *Saxífraga* (1993). Infelizmente não é possível saber se Renato teve acesso a esses livros, tampouco suas entrevistas dão mais pistas dessa relação entre um dos grandes poetas da canção brasileira e seus contemporâneos das letras.

"Quais as tuas referências em termos de poesia?
»»» RR: Fernando Pessoa, Drummond, na música Caetano Veloso e gosto muito de sonetos.

Esses sonetos são bem do Romantismo.
»»» RR: É, eu não gosto muito da temática deles, mas gosto do jeito que eles falam, sabe, aquele negócio o 'gosto amargo do teu corpo ficou na minha boca'. Gosto de Adélia Prado e dos poetas ingleses, tenho tara por Shakespeare. Leio pouca coisa dele porque tenho dificuldade de ler o inglês antigo, é muito onírico, tem muita nota de rodapé. Gosto mais dele quando vai para o lado do amor, ele tem muitas musas. Tem também um poeta chamado W. H. Auden que acho legal." (RR, ENTREVISTA A RENATO LEMOS DALTO, *O ESTADO*, FLORIANÓPOLIS, 17 DE JULHO DE 1988)

»»» "Talvez devesse estar vivendo em vez de ficar em casa lendo W. H. Auden, por exemplo." (RR, *SÓ POR HOJE E PARA SEMPRE*, P. 27)

HERMANN HESSE

Pode-se dizer que existiram dois HERMANN HESSE (1877--1962). Um deles, o escritor e pintor alemão, cuja obra rendeu prêmios como o Goethe e o Nobel, ambos em 1946, e que fez um grande sucesso em seu país no entreguerras, com livros que mostravam o homem vivendo de modo mais próximo da natureza e em harmonia consigo e com os outros. Já o *outro* Hermann Hesse nasce quando cai nas graças da geração norte-americana que vivia os tempos da contracultura, nos anos 1960. As obras eram as mesmas, mas a recepção de Hesse nos Estados Unidos (e dali para todos os lugares em que chegou a contracultura, como a Brasília de Renato Russo) foi conduzida por leitores como TIMOTY LEARY (1920--96), guru da contracultura e militante da "causa LSD". É nessa onda que romances como *Demian* (1917), *Sidarta* (1922), *O LOBO DA ESTEPE* (1927), *NARCISO E GOLDMUND* (1930) e O

jogo das contas de vidro (1943) vão ganhar novos sentidos, além de números impressionantes: traduções para muitas línguas, tiragens imensas em inglês e até mesmo uma nova fase de sucesso em sua língua que nem os maiores prêmios da literatura haviam conseguido promover.

As pontes que levavam os HIPPIES dos anos 1960 (e os de hoje ainda) a Hesse são muitas, mas passam certamente pela forma como o principal personagem de *O lobo da estepe*, Harry Heller, encarna, na ficção, todos os conflitos pessoais, sociais, políticos etc. de que aquela juventude tomava consciência e queria se livrar.

" — Você trazia no íntimo uma imagem da vida, uma fé, uma exigência; estava disposto a feitos, a sofrimentos e sacrifícios, e logo aos poucos notou que o mundo não lhe pedia nenhuma ação, nenhum sacrifício nem algo semelhante; que a vida não é nenhum poema épico, com rasgos de heróis e coisas parecidas, mas um salão burguês, no qual se vive inteiramente feliz com a comida e a bebida, o café e o tricô, o jogo de cartas e a música de rádio. E quem aspira a outra coisa e traz em si o heroico e o belo, a veneração pelos grandes poetas ou a veneração pelos santos, não passa de um louco ou de um Quixote. Pois bem, meu amigo, comigo também foi assim! Eu era uma jovem bem-dotada, com vocação para viver dentro de um elevado padrão, para esperar muito de mim mesma e para realizar grandes feitos. Poderia ter um belo futuro, ser a esposa de um rei, a amante de um revolucionário, a irmã de um gênio, a mãe de um mártir. E a vida só me permitiu ser uma cortesã de mediano bom gosto, o

que já se vai tornando bastante difícil para mim! Foi isso o que me aconteceu. Fiquei algum tempo desconsolada e procurei com afinco a culpa em mim mesma. A vida, pensava eu, sempre acaba tendo razão, e se a vida se ria dos meus belos sonhos, pensava, era porque meus sonhos tinham sido estúpidos e irracionais. Mas isso não me valeu de nada. Mas como tivesse bons olhos e ouvidos, e, além disso, fosse curiosa, examinei a vida com certa atenção, observei meus vizinhos e conhecidos, mais de cinquenta pessoas e destinos, e percebi então, Harry, que meus sonhos estavam certos, estavam mil vezes certos, assim como os seus. Mas a vida, a realidade, não tinha razão. O fato de uma mulher da minha classe não ter alternativas senão envelhecer de uma maneira insensata e pobremente junto a uma máquina de escrever a serviço de um capitalista, ou casar-se com ele por seu dinheiro ou converter-se numa espécie de meretriz, era tão injusto quanto o de um homem como você, solitário, tímido e desesperado, ter de recorrer à navalha de barbear. Talvez a miséria em mim fosse mais material e moral, e em você mais espiritual; mas o caminho era o mesmo. Pensa que eu não pude reconhecer a sua angústia diante do foxtrote, sua repugnância pelos bares e pelos dancings, sua hostilidade para com a música de jazz e tudo o mais? Compreendia e muito bem, como compreendia seu horror pela política, sua tristeza pelo palavreado vão e a conduta irresponsável dos partidos e da imprensa; seu desespero diante da guerra, as passadas e as futuras; pela maneira como hoje se pensa, se lê, se edifica, se compõe música, se celebram as festas e se educa! Você tem razão, Lobo da Estepe, mil vezes razão, e contudo terá de perecer. Vive demasiadamente faminto e cheio de desejos para um mundo tão singelo, tão cômodo, que se contenta com tão pouco; para o mundo de hoje em dia, que lhe cospe em cima, você tem uma dimensão a mais. Quem quiser hoje viver e satisfazer-se com a vida, não pode ser uma pessoa assim como você e eu. Quem quiser música em vez de balbúrdia, alegria em vez de prazer, alma em vez de dinheiro, verdadeiro trabalho em vez de exploração, verdadeira paixão em vez de jogo, não encontrará guarida neste belo mundo." (HH, *O LOBO DA ESTEPE*, TRAD. DE IVO BARROSO, ED. RECORD)

MY VERY OWN TOP TWENTY
Week Ending October 10

		Last week
1	YOUR SONG	—
2	LEVON	—
3	WAITING ON A FRIEND	2
4	BOYS DON'T CRY	12
5	BIRDS OF PARADISE	1
6	THIS GUY'S IN LOVE WITH YOU	—
7	SARA	—
8	HOLIDAY INN	—
9	MELLOW	—
10	STAND ME UP	2
11	THE TIMES THEY ARE A·CHANGIN'	—
12	JESSIE	—
13	GOOD VIBRATIONS	—
14	DO IT AGAIN	—
15	WHAT WE ALL WANT	8
16	INDIAN SUNSET	—
17	WORKING MAN	3
18	TRY ME AGAIN	—
19	TALK OF THE TOWN	1
20	BORDER SONG	—

Tracks 1, 2, 8, 9, 16 and 20 - Elton John (yuk!) (UNI)
Tracks 3 and 10 - The Rolling Stones (EMI)
Track 4 - The Cure (FAST PRODUCT)
Tracks 5 and 19 - Pretenders (WEA)
Track 6 - The Lettermen (A & M)
Track 7 - Bob Dylan (and 11 - also The Beach Boys) (CBS)
Track 12 - Harpers Bizarre (WARNERS)
Tracks 13 and 14 - The Beach Boys (and 11) (CAPITOL)
Track 15 - Gang of Four (WEA)
Track 17 - Alberta Hunter (CBS)
Track 18 - Linda Ronstadt (ASYLUM)

A Brief History of Rock'n'Roll
- GET A GUITAR AND MAKE NOISE, KIDS!

A Brief History of Motion Pictures
- HOORAY! FOR HOLLY-WOOD!!!...

A Brief History of Art
- WHO AM I? WHY AM I HERE? WHAT WILL HAPPEN TO US?

A Brief History of Science-Fiction
- LET ME GO! YOU'RE HURTING ME! DR. ZALEK, YOU'RE MEAN, VILE
AND CRUEL!
-(Doctor Zalek smiles a mean, vile and cruel smile)
- CAPTAIN STARDUST IS GOING TO MAKE YOU GET WHAT YOU DESERVE,
YOU BRUTE! YOU'LL SEE! HE'S COMING TO RESCUE US AND HE'LL KILL YOU!
- (Doctor Zalek, bored) - TO THE DUNGEONS, BOTH OF YOU! GUARDS!
NOW, MY PRETTY LITTLE DARLING, I HAVE PLANS IN STORE FOR YOU!
(to robots) TAKE HER AWAY!
- MMMPH! MMMPH! MMMPH, OH, LET ME GO, I CAN WALK BY MYSELF, OH!

A Brief History of Horror Movies
- (thunder, lightning, a very scarey castle on a very scarey hill,
far away from civilization, somewhere around midnight - a door
cracks open - Count Varkovius appears) IGOR! TAKE OUR NEW
GUESTS TO THEIR ROOMS. (to guests, a young reporter and his
girlfriend) EVERYTHING HAS BEEN QUITE THOROUGHLY ARRANGED...
WE DO HOPE YOU WILL ENJOY YOUR STAY HERE (to Igor, the
hunchback assistant) DON'T WE, IGOR? NOW - GO! (thunder
strikes again - winds howl and hiss around the old castle).
I DO HAVE A VAGUE FEELING OUR - GUESTS... - WILL BE
STAYING WITH US FOR A LONG TIME ... GO, EEEE-GOHR...

A Brief History of Television
- SHITBOX! SHITBOX! SHITBOX! SHITBOX! SHITBOX!

A Brief History of Love Stories
- OH! DARLIN'! DARLIN' DARLIN' JOSHUA!
- OH! EMMELYNE - LET'S GET MARRIED! I LOVE YOU! OH, EMMY!
- JOSHIE DEAR, HOLD ME TIGHT AND NEVER LET ME GO!
- (Joshua holds her tight) OH, EMMY! EMMY! (pause) EMMY?
(screaming) EMMELYNE! EMMY, ANSWER ME! (she can't, she's dead.)
(from the RKO production, THE GRIP OF LOVE, 1941.)

A Brief History of the Musicals

- LARRY, I'VE GOT A GREAT IDEA FOR A NEW SHOW. I'VE GOT SOME GREAT NEW SONGS, YOU'RE GONNA LUV IT! (goes to piano, puts down cigar on ashtray and sings while playing a Broadway melody): DOO BE-DAY - (DOOBLE - GOBBLE - DOO·DAH!) - DOO - BE·DAY - (DOOBLE GOBBLE·DOO-DAH! MY BABY'S GOT A SPECIAL VERY SPECIAL KIND OF SMILE! I'LL TAKE HER TO THE MOON ON SPACE-SHIP NUMBER SEVEN - WE'LL GET MARRIED IN JUNE AND HAVE OUR HONEYMOON IN HEAVEN... GOBBLE · GOOBLE · GOOGAH
- (Larry, interrupting him) B.J., DO YOU REALLY BELIEVE IN THIS NEW MUSICAL OF YOURS? I MEAN,..., YOUR LAST SHOW WAS...
- (B.J., enthusiastic) BUT I'VE DONE THREE MORE SONGS FOR THE NEW SHOW - IT'S GONNA BE FANTASTIC! - I GOT ALMOST EVERYTHING IN FOR THE SHOW. I JUST NEED A STAR. -
- (Larry, lighting up cigar) - YOU KNOW THIS'LL BE YOUR LAST CHANCE - (worried) SPECIALLY AFTER 'THE BUNNY BOOS AND DINGA-LOOS REVUE OF 1928'. THAT WAS A DISASTER - YOUR REPUTATION IS AT A LOW EBB, B.J. AND YOU TELL ME YOU NEED A STAR - HAS ANYONE BACKED·UP THE SHOW YET?
- (Hopeful - cute) NO, BUT I WAS JUST THINKING: I GUESS I KNOW WHO'LL BE THE STAR OF THE SHOW... (suspenseful pause)
- (Larry, interested) LA-DE-LA, NOW TELL ME THEN WHO WILL BE THE STAR OF THE SHOW... (impatient) GO ON!
- (B.J., secretive) LA-DE-LA... (singing) LA-DE-LA-LA-LA... (rises voice dramatically, a complete fruity·pie) LA-AAAA...
- (Larry, chokes on his cigar) YOU DON'T MEAN (mouth open)...
- YES! FANNY McKENZIE!
- FANNY? YOU'LL NEVER EVER GET FANNY FOR THE SHOW! SHE'S IN HOLLYWOOD AND BESIDES, ELMER WON'T...
- (gesturing dramatically) JEEPERS·CREEPERS BOO-GAH·BOO! FOOEY! I DON'T CARE ABOUT ELMER, THAT ELEPHANT! I WILL GET FANNY FOR THE SHOW - IT'S MY SHOW AND I'LL GET ALL I WANT FOR MY SHOW! MY GREAT SHOW!
- (Larry chuckles) B.J., DARLING, YOU ARE IN·SA·NE...
- TRA-LA-LA, I DON'T CARE! (singing) DON'T CAAARE.... (busily packing up songbooks and music sheets) I KNOW THIS NEW SHOW OF MINE IS GOING TO BE THE SHOW! I TELL YOU, LARRY (as if history is being made) FANNY IS GOING TO ME IN MY SHOW - I'M GOING TO MAKE HER A STAR! 'THE BUNNY BOOS AND DINGA-LOOS REVUE OF 1929'. OH! GET SHIVVERS DOWN MY SPINE WHEN I THINK OF IT! TA!

[BREVE HISTÓRIA]

UMA BREVE HISTÓRIA DO ROCK 'N' ROLL
— ARRANJEM UMA GUITARRA E FAÇAM BARULHO, MOLECADA!

UMA BREVE HISTÓRIA DO CINEMA
— HURRA! PARA HOLLYWOOD!!!

UMA BREVE HISTÓRIA DA ARTE
— QUEM SOU EU? POR QUE ESTOU AQUI? O QUE VAI ACONTECER CONOSCO?

UMA BREVE HISTÓRIA DA FICÇÃO CIENTÍFICA
— ME SOLTE! VOCÊ ESTÁ ME MACHUCANDO! DR. ZALEK, VOCÊ É MAU, VIL E CRUEL!

— *(dr. Zalek dá um sorriso mau, vil e cruel)*

— O CAPITÃO STARDUST VAI FAZER COM QUE VOCÊ RECEBA O QUE MERECE, SEU BRUTO! VOCÊ VAI VER! ELE VIRÁ NOS SALVAR E MATARÁ VOCÊ!

— *(dr. Zalek, entediado)* PARA O CALABOUÇO, VOCÊS DOIS! GUARDAS! AGORA, MINHA QUERIDINHA. EU TENHO PLANOS PARA VOCÊ! *(para os robôs)* LEVEM-NA!

— MMMPH! MMMPH! MMMPH! OH, ME SOLTE, EU SEI ANDAR SOZINHA, OH!

UMA BREVE HISTÓRIA DOS FILMES DE TERROR
— *(trovões, raios, um castelo assustador numa montanha assustadora, distante da civilização, em algum lugar por volta da meia-noite — uma porta range ao se abrir — o conde Varkovius aparece)* IGOR! LEVE OS NOSSOS NOVOS HÓSPEDES PARA OS SEUS QUARTOS. *(para os hóspedes, um jovem repórter e sua namorada)* TUDO FOI CUIDADOSA-MENTE ARRUMADO... REALMENTE ESPERAMOS QUE VOCÊS APRECIEM SUA ESTADA AQUI *(para Igor, o assistente corcunda)* NÃO É MESMO, IGOR? AGORA — PODEM IR! *(novo trovejar — o vento assobia e uiva em torno do velho castelo)*. TENHO UMA VAGA SENSAÇÃO DE QUE OS NOSSOS — HÓSPEDES... — FICARÃO CONOSCO POR UM LONGO TEMPO... PODE IR, IIIII-GOR...

UMA BREVE HISTÓRIA DA TELEVISÃO
— CAIXA DE MERDA! CAIXA DE MERDA! CAIXA DE MERDA! CAIXA DE MERDA!

UMA BREVE HISTÓRIA DAS HISTÓRIAS DE AMOR

— OH! QUERIDO! QUERIDO QUERIDO JOSHUA!

— OH! EMMELYNE. VAMOS NOS CASAR! EU TE AMO! OH, EMMY!

— JOSHIE QUERIDO, ME APERTE COM FORÇA E NUNCA ME SOLTE!

— (*Joshua a aperta com força*) OH, EMMY! EMMY! (*pausa*) EMMY? (*gritando*) EMMELYNE! EMMY, RESPONDA! (*ela não pode responder, está morta*)

(uma produção da RKO, *THE GRIP OF LOVE* [O aperto do amor], 1941.)

UMA BREVE HISTÓRIA DOS MUSICAIS

— LARRY, TENHO UMA GRANDE IDEIA PARA UM NOVO ESPETÁCULO. ESTOU COM UMAS CANÇÕES NOVAS ÓTIMAS, VOCÊ VAI ADORAR! (*vai até o piano, põe o cigarro no cinzeiro e canta enquanto toca uma melodia da Broadway*): "DU-BI-DEI (DUBLE-GUBLE-DU-DAH!) DU-BI-DEI (DUBLE--GUBLE-DU-DAH!) MEU BENZINHO TEM UM SORRISO MUITO ESPECIAL! VOU LEVÁ-LA PARA A LUA NA ESPAÇONAVE NÚMERO SETE — VAMOS NOS CASAR EM JUNHO E PASSAR A LUA DE MEL NO CÉU... DU-BLE-GUBLE-GUGAH".

— (*Larry, interrompendo-o*) B. J., VOCÊ REALMENTE ACREDITA NESSE SEU NOVO MUSICAL? QUER DIZER... O SEU ÚLTIMO ESPETÁCULO FOI...

— (*B. J., entusiasmado*) MAS EU FIZ MAIS TRÊS CANÇÕES PARA O ESPETÁCULO NOVO. VAI SER FANTÁSTICO! TENHO QUASE TUDO PRONTO PARA O SHOW. SÓ PRECISO DE UMA ESTRELA...

— (*Larry, acendendo um cigarro*) SABE, ESTA VAI SER A SUA ÚLTIMA CHANCE (*preocupado*), ESPECIALMENTE DEPOIS DE "BUNNY BOOS E DINGA-LOOS REVUE DE 1928". FOI UM DESASTRE. SUA REPUTAÇÃO ESTÁ NUMA MARÉ BAIXA, B. J., E VOCÊ ME DIZ QUE PRECISA DE UMA ESTRELA. ALGUÉM JÁ DEU VERBA PARA O SHOW?

— (*esperançoso — meigo*) NÃO, MAS EU ESTAVA PENSANDO: ACHO QUE VOCÊ SABE QUEM VAI SER A ESTRELA DO SHOW... (*pausa de suspense*)

— (*Larry, interessado*) LA-DI-LA (*cantando*), ME CONTE QUEM VAI SER A ESTRELA DO SHOW... (*impaciente*) VAI LOGO!

— (*B. J. , em tom de segredo*) LA-DI-LA... (*cantando*) LA-DI-LA-LA-LA... (*ergue dramatica-mente a voz, uma absoluta baboseira*) LA-AAAA...

— (*Larry, engasgando com o cigarro*) VOCÊ NÃO ESTÁ QUERENDO DIZER QUE (*boca aberta*)...

— SIM! FANNY MCKENZIE!

— FANNY? VOCÊ NUNCA, JAMAIS VAI CONSEGUIR FANNY PARA O ESPETÁCULO! ELA ESTÁ EM HOLLY-WOOD, E, ALÉM DISSO, ELMER NÃO VAI...

— (*gesticulando dramaticamente*) JIPERS-CRIPERS BU-DA-BU! EU NÃO DOU A <u>MÍNIMA</u> PARA ELMER, AQUELE ELEFANTE! VOU CONSEGUIR FANNY PARA O ESPETÁCULO — É O <u>MEU</u> ESPETÁCULO E VOU CONSEGUIR TUDO QUE QUERO PARA O MEU ESPETÁCULO! MEU GRANDE ESPETÁCULO!

— (*Larry dá um sorrisinho*) B. J., QUERIDO, VOCÊ ESTÁ MA-LU-CO...

— TRA-LA-LA, EU NÃO LIGO! (*cantando*) NÃO LIIIIIGO... (*apressadamente ele vai arrumando os libretos e partituras*) EU SEI QUE ESTE MEU NOVO ESPETÁCULO VAI SER O ESPETÁCULO! ESTOU LHE DIZENDO, LARRY (*como se estivesse fazendo história*) FANNY VIRÁ A MIM NO MEU ESPE-TÁCULO — VOU FAZER DELA UMA ESTRELA! "BUNNY BOOS E DINGA-LOOS REVUE DE 1929." OH! FICO TODO ARREPIADO SÓ DE PENSAR NISSO! TA!

FILMES QUE VOCÊ LEMBRA E O QUE OS FEZ ESPECIAIS (VOCÊ ASSISTIRIA DE NOVO A CADA UM DELES)

1. *GIMME SHELTER* - Stones e Jefferson Airplane
2. *BARRY LYNDON* - fotografia
3. *MORTE EM VENEZA* - fotografia, música
4. *CERIMÔNIA DE CASAMENTO* - roteiro
5. *NASHVILLE* - atuação, roteiro
6. *TRÊS MULHERES* - ideia
7. *UM CONVIDADO BEM TRAPALHÃO* - roteiro
8. *ESSA PEQUENA É UMA PARADA* - roteiro, atuação
9. *LUA DE PAPEL* - fotografia, música, atuação (excelente)
10. *AMARCORD* - o filme em si (Fellini)
11. *A IDADE DO OURO* - o filme em si (Buñuel)
12. *PRIVILÉGIO* - roteiro, música, atuação
13. *O ENCOURAÇADO POTEMKIN* - edição
14. *PERDIDOS NA NOITE* - atuação, roteiro/história
15. *... E O VENTO LEVOU* - o filme em si, Vivien Leigh
16. *NINOTCHKA* - Garbo
17. *ROMEU & JULIETA* - atuação (Whiting/Hussey), fotografia
18. *1900, PRIMEIRA PARTE* - o filme em si (Bertolucci)
19. *A CHINESA* - roteiro / ideias (Godard)
20. *MADRUGADA DOS MORTOS* - ideia, efeitos

MORTE EM VENEZA, LUCHINO VISCONTI

Depois de listar o romance de THOMAS MANN entre seus livros preferidos, Renato elenca a adaptação cinematográfica da obra, realizada pelo italiano LUCHINO VISCONTI em 1971. O filme reúne a genialidade de três artistas admirados por Renato: Mann, Visconti e MAHLER — este último responsável por inspirar o diretor a recriar o personagem principal do livro, Aschenbach, como compositor. A trilha sonora conta com duas sinfonias de Mahler: a terceira e o célebre "Adagietto" da quinta sinfonia.

Os aspectos que chamam a atenção de Renato no filme são a música e a fotografia. A direção de fotografia do filme é do italiano Pasqualino De Santis, também responsável pelas imagens de outros filmes listados por Renato, como ROMEU & JULIETA (1968), inspirado na peça de Shakespeare e dirigido por Franco Zeffirelli, e UM DIA MUITO ESPECIAL (1977), dirigido por Ettore Scola. As atuações de Leonard Whiting como Romeu e de Sophia Loren, que contracena com Marcello Mastroianni no filme de Scola, também são admiradas por Renato e listadas entre as melhores performances a que ele assistiu.

A IDADE DO OURO, LUIS BUÑUEL

Renato não só lista o filme A IDADE DO OURO, de LUIS BUÑUEL, entre seus preferidos, como faz anotações sobre ele em seus cadernos e empresta seu título original para dar nome a uma música, "L'Âge d'or" gravada pela Legião Urbana no álbum V, de 1991.

Lançado em 1930 na Argentina, o filme é o segundo escrito em parceria com o pintor Salvador Dalí, depois do curta-metragem *Um cão andaluz*, de 1929 — espécie de manifesto surrealista dos dois, que garantiu a Buñuel o ingresso no círculo de André Breton em Paris.

L'Âge d'or mostra um casal totalmente

apaixonado mas incapaz de consumar seu amor devido às constantes intromissões de suas famílias, da Igreja e da sociedade burguesa. Se um dos objetivos de Buñuel era escandalizar a burguesia espectadora com suas críticas ferinas, o filme de fato causou alvoroço entre grupos conservadores de Paris e foi proibido, assim como outros de seus longas-metragens.

LUIS BUÑUEL (1900-83) nasceu na Espanha, mas se naturalizou mexicano. Vencedor de um Oscar por *O discreto charme da burguesia*, de 1972, é autor ainda de *Os esquecidos* (que rendeu a ele o prêmio de melhor diretor em Cannes), *Veridiana* (vencedor da Palma de Ouro no mesmo festival), *A bela da tarde* e *Esse obscuro objeto do desejo*, entre outros.

L'Age d'Or
é o nome de um filme espanhol e significa a Idade do Ouro
o que é interessante pela conexão asteca/tolteca et al
e tudo o mais. Our golden (years) age?

Anotação sobre o filme *A idade do ouro* em caderno dos anos 1990.

10 Films You Can Remember that are favourites:

1. Privilege
2. Gone with the Wind
3. What's Up, Doc?
4. Paper Moon
5. Nashville
6. Midnight Cowboy
7. Day For Night
8. Bus Stop
9. Carrie
10. Little Big Man

10 Favourite Performances you can remember:

1. Greta Garbo – NINOTCHKA
2. Jon Voight - MIDNIGHT COWBOY
3. Julie Christie - THE GO-BETWEEN
4. Tatum O'Neal - PAPER MOON
5. Nicholas Beauvy - PIG WILD
6. Lew Ayres - ALL QUIET ON THE WESTERN FRONT
7. Marilyn Monroe - BUS STOP
8. Lee Montgomery - BURNT OFFERINGS
9. Sissy Spacek - CARRIE
10. Gwen Welles - NASHVILLE

10 Favourite Rock Albums

1. Pet Sounds - BEACH BOYS
2. Janis In Concert - JANIS JOPLIN
3. Bless It's Pointed Little Head - JEFFERSON AIRPLANE
4. GP - Gram Parsons
5. Anything Goes - HARPER'S BIZZARE
6. Born to Run - BRUCE SPRINGSTEEN
7. Rubber Soul - BEATLES
8. Beggar's Banquet - ROLLING STONES
9. Surrealistic Pillow - JEFFERSON AIRPLANE
10. London '69 - BEACH BOYS

A CHINESA (1967), JEAN-LUC GODARD
Na comédia de Godard, relembrada por Renato graças ao roteiro e às ideias do próprio diretor, cinco jovens estudantes franceses passam as férias num apartamento e tentam viver sob as regras de MAO TSÉ-TUNG, lendo e discutindo seus textos.

O diretor franco-suíço JEAN-LUC GODARD nasceu em Paris, em 1930, e começou sua carreira como crítico de cinema, escrevendo para a *Gazette du Cinéma* — que fundou com Eric Rohmer e Jacques Rivette em 1950 — e para a *Cahiers du Cinéma*, a partir de 1952. Foi uma das figuras centrais da nouvelle vague, com o longa *Acossado* (1960). Dirigiu filmes como *Viver a vida* (1962), *Alphaville* (1965) e *O demônio das onze horas* (1965), entre muitos outros, com frequência estrelados por Anna Karina, com quem foi casado entre 1961 e 1965.

"O Eduardo sugeriu uma lanchonete, mas a Monica queria ver o filme do Godard"
(DA LETRA DE "EDUARDO E MONICA", GRAVADA PELA LEGIÃO URBANA NO ÁLBUM *DOIS*, DE 1986)

NOUVELLE VAGUE
A "nova onda" francesa foi um movimento que revolucionou a estética cinematográfica no fim dos anos 1950, com o chamado "cinema de autor" em oposição às produções comerciais hollywoodianas. Os filmes traziam narrativas mais fragmentárias, sem preocupação com a linearidade, eram produzidos com baixo orçamento e adotavam uma estética radical, com ângulos e cortes inusitados.

Muitos de seus membros eram críticos de cinema que queriam se tornar diretores, como François Truffaut, Jean-Luc Godard, Claude Chabrol, Éric Rohmer e Jacques Rivette, entre outros.

A NOITE AMERICANA, FRANÇOIS TRUFFAUT

O diretor francês FRANÇOIS TRUFFAUT (1932-84) foi, ao lado de Godard, um dos mais importantes da nouvelle vague francesa. Vários de seus filmes aparecem nas listas de Renato, como *A NOITE AMERICANA* (1973), uma metalinguagem sobre o próprio fazer cinematográfico. Desse filme, o músico destaca a atuação de Jean-Pierre Léaud, que participa de seis longas-metragens do diretor, tornando-se também figura emblemática da nouvelle vague.

OS INCOMPREENDIDOS (1959) e *AS DUAS INGLESAS E O AMOR* (1971) aparecem na lista de filmes por ver, enquanto o *GAROTO SELVAGEM* (1970) entra na lista de vistos em 1994, com um asterisco que indica "preferido".

ATUAÇÕES FAVORITAS I

1. NICOLAS BEAUVY NO FILME DE WALT DISNEY *PIG WILD* [*HOG WILD*]
2. JON VOIGHT EM *PERDIDOS NA NOITE*
3. GWEN WELLES EM *NASHVILLE*
4. TATUM O'NEAL EM *LUA DE PAPEL*
5. ANNE BANCROFT NA PRIMEIRA METADE DE *A PRIMEIRA NOITE DE UM HOMEM*
6. LIV ULLMANN EM *40 QUILATES*
7. GOLDIE HAWN EM *LIBERDADE PARA AS BORBOLETAS*
8. SHELLEY DUVALL EM *O ILUMINADO*
9. JODIE FOSTER EM *A MENINA DO FIM DA RUA*
10. PETER FIRTH EM *EQUUS*
11. JULIE CHRISTIE EM *O MENSAGEIRO*
12. GRETA GARBO EM *NINOTCHKA*
13. DIRK BOGARDE EM *MODESTY BLAISE*
14. JÉAN-PIERRE LÉAUD EM *A NOITE AMERICANA*
15. JAN MICHAEL VINCENT EM *BUSTER E BILLIE*
16. GENE KELLY EM *UMA NOITE DE AVENTURAS*
17. BRANDON DE WILDE EM *OS BRUTOS TAMBÉM AMAM*"

18. VIVIEN LEIGH em *...E O VENTO LEVOU*

19. RICHARD GERE em *CINZAS NO PARAÍSO*

20. RYAN O'NEAL em *ESSA PEQUENA É UMA PARADA*

21. BARBRA STREISAND em *FUNNY GIRL — UMA GAROTA GENIAL*

22. GEORGE SEGAL em *O CORUJÃO E A GATINHA*

23. MIA FARROW em *CERIMÔNIA DE CASAMENTO*

24. DUSTIN HOFFMAN em *PEQUENO GRANDE HOMEM*

25. DIANE KEATON em *NOIVO NEURÓTICO, NOIVA NERVOSA*

26. JULIE ANDREWS em *POSITIVAMENTE MILLIE*

27. PAUL JONES em *PRIVILÉGIO*

28. MICHAEL BRANDON em *JAMES DEAN*

29. TIMOTHY BOTTOMS em *O HOMEM QUE EU ESCOLHI*

30. MARK LESTER em *RUN WILD, RUN FREE*

NICOLAS BEAUVY EM *HOG WILD*

Renato anota em duas de suas listas de performances preferidas a atuação do canadense NICOLAS BEAUVY em *Pig Wild*, mas tudo indica que ele está se referindo ao filme *HOG WILD*, de 1974 — *hog* é sinônimo de *pig*. Dirigido por Jerome Courtland, fazia parte do programa *The Wonderful World of Disney*, produzido entre 1954 e 1991 para a TV e exibido no Brasil como *Disneylândia* pela Tupi e pela Rede Globo. O filme conta a história de um homem que, depois de se mudar de Chicago com a família para uma fazenda de porcos em Idaho, acaba aleijado por uma porca furiosa. É provável que Renato tenha visto esse filme no próprio ano de lançamento, aos catorze anos, e que tenha se inspirado no ator que admirava para criar, entre os quinze e os dezesseis, o personagem homônimo Nicholas Beauvy, violonista e guitarrista da 42nd St. Band.

ATUAÇÕES FAVORITAS II

1. JANE FONDA EM *A NOITE DOS DESESPERADOS*
2. KRISTY MCNICHOL EM *QUERIDINHAS*
3. MICHAEL YORK EM *CABARET*
4. MARILYN MONROE EM *NUNCA FUI SANTA*
5. JACK LEMMON EM *QUANTO MAIS QUENTE MELHOR*
6. LEONARD WHITING EM *ROMEU & JULIETA*
7. MARGOT KIDDER EM *SUPERMAN: O FILME*
8. HERB GATLIN EM *MEU PAI, MEU AMIGO*
9. PETER SELLERS EM *UM CONVIDADO BEM TRAPALHÃO*
10. WILLIAM ATHERTON EM *O DIA DO GAFANHOTO*
11. INGRID BERGMAN EM *FLOR DE CACTO*
12. WALTER MATTHAU EM *AINDA HÁ FOGO SOB AS CINZAS*
13. ERIC SHEA EM *OS SEUS, OS MEUS E OS NOSSOS*
14. MARIE-CHRISTINE BARRAULT EM *PRIMO, PRIMA*
15. RAMÓN NOVARRO EM *MATA HARI*
16. LARRY "BUSTER" CRABBE EM *FLASH GORDON*
17. MALCOLM MCDOWELL EM *LARANJA MECÂNICA*
18. SISSY SPACEK EM *CARRIE, A ESTRANHA*
19. JERRY LEWIS EM *O PROFESSOR ALOPRADO E O OTÁRIO*
20. SHELLEY WINTERS EM *PRÓXIMA PARADA, BAIRRO BOÊMIO*
21. OLIVER REED EM *OLIVER!*
22. TERENCE STAMP EM *O HOMEM QUE NASCEU DE NOVO*
23. JILL CLAYBURGH EM *UMA MULHER DESCASADA*
24. MONICA VITTI EM QUALQUER UM DE SEUS FILMES
25. LEE MONTGOMERY EM *A MANSÃO MACABRA*
26. ROSALIND RUSSELL EM *QUALQUER UMA DE SUAS COMÉDIAS*
27. DAVID BOWIE EM *O HOMEM QUE CAIU NA TERRA*
28. ISABELLE ADJANI EM *A HISTÓRIA DE ADÈLE H.*
29. BRUNO K. EM *O ENIGMA DE KASPAR HAUSER*
30. SOPHIA LOREN EM *UM DIA MUITO ESPECIAL*
31. ROBERT DE NIRO EM *TAXI DRIVER — MOTORISTA DE TÁXI*
32. BURT LANCASTER EM *ENIGMA DE UMA VIDA*

SHELLEY DUVALL

Nascida em 1949 em Houston, no Texas, SHELLEY DUVALL aparece duas vezes como melhor atriz nas listas de Renato de 1981. Tanto POPEYE, de Robert Altman, quanto O ILUMINADO, de Stanley Kubrick, foram estrelados por ela e lançados em 1980, projetando-a internacionalmente.

NASHVILLE

Antes disso, a atriz norte-americana havia participado de vários filmes de Altman, incluindo NASHVILLE, de 1975, drama musical que também aparece em várias listas de Renato. Do filme, ele destaca a atuação de GWEN WELLES

— fazendo o papel de Sueleen Gay, uma bela garçonete que quer ser cantora, mas é desafinada —, e o roteiro de Joan Tewkesbury, que mistura uma campanha política presidencial com músicos da cena country e gospel de Nashville tentando garantir seu sucesso.

TRÊS MULHERES

Pelo filme TRÊS MULHERES (1977), também de Altman, que Renato lista e elogia pela "ideia", Duvall ganhou o prêmio de melhor atriz em Cannes. Em seu livro de entrevistas, Altman conta que a ideia para o filme — Duvall e SISSY SPACEK numa troca de identidade, contra um pano de fundo desértico, num filme chamado Three Women — lhe veio durante um sonho.

ROBERT ALTMAN

O diretor americano ROBERT ALTMAN (1925-2006) nasceu em Kansas, no Missouri. É reconhecido pela naturalidade de suas obras de ficção, em que as falas dos personagens se sobrepõem e são feitas, muitas vezes, a partir de improvisação. Trabalhou com diversos gêneros, de filmes de guerra a musicais, mas sem abandonar um toque de sátira e crítica sociais. Sem jamais se render ao estilo industrial de Hollywood, esteve sempre na vanguarda do cinema, sendo reconhecido como um dos mais influentes diretores dos Estados Unidos. Foi nomeado sete vezes ao Oscar e seus filmes já ganharam a Palma de Ouro em Cannes, o Leão de Ouro em Veneza e o Urso de Ouro em Berlim.

POPEYE

No musical *Popeye* (1980) — adaptação da tira de jornal *Thimble Theatre*, de E. C. Segar —, Duvall vive Olive Oyl, a Olívia Palito, contracenando com ROBIN WILLIAMS, que faz o papel do célebre marinheiro — seu primeiro papel principal num filme.

Em entrevista no ano de lançamento do filme, a atriz admitiu que era chamada de Olívia Palito na escola, e, em comentário ao longo de uma entrevista com ela, o crítico Roger Ebert diz que ela nasceu para o papel, mesmo que desempenhado tantos outros, tão diferentes e tão bem.

O ILUMINADO

Em O ILUMINADO (1980), filme de terror inspirado no romance homônimo de STEPHEN KING, de 1977, Duvall faz o papel de Wendy Torrance. Seu marido, um escritor e professor vivido por JACK NICHOLSON, é contratado para tomar conta de um hotel isolado durante as férias de inverno, quando o hotel está fechado, e a família se muda por alguns meses. Enquanto seu filho, "o iluminado", tem atordoantes visões telepáticas do passado e do futuro daquele lugar sombrio, o marido vai aos poucos enlouquecendo e se tornando agressivo contra os dois.

»»»» "Atualmente, eu também leio coisas 'B' — Stephen King, ou então biografias, da Glória Swanson, do Cecil B. De Mille." (RR, ENTREVISTA A LUIZ CARLOS MANSUR, *JORNAL DO BRASIL*, CADERNOS IDEIAS, 23 DE JANEIRO DE 1988)

Na entrevista a Roger Ebert, Duvall conta que o trabalho com Kubrick foi quase insuportável, mas ao mesmo tempo enriquecedor. As filmagens longas na Inglaterra, com vários takes repetidos à exaustão, mantiveram-na mais de um ano longe da família, e Kubrick cultivava com ela uma relação conflituosa para levá-la ao estado de desespero necessário para a caracterização da personagem.

Apesar de aparecer na lista de Renato — e em muitas outras —, Duvall não se sentiu reconhecida pelo trabalho: "As críticas eram todas sobre Kubrick, como se eu não estivesse lá".

STANLEY KUBRICK

O diretor americano (STANLEY KUBRICK)(1928-99) nasceu em Manhattan, Nova York. Também trabalhou diversos gêneros, muitas vezes com uma obra literária por trás do roteiro. Tinha especial apreço por narrativas capazes de mostrar lados sombrios do ser humano, retratadas em planos fechados e com expressões intensas. Considerado um dos maiores diretores da história do cinema, também é frequente nas listas de Renato.

Para além de *O ILUMINADO*, *2001: UMA ODISSEIA NO ESPAÇO* (1968) aparece entre os filmes americanos preferidos, *LARANJA MECÂNICA* (1971) aparece pela atuação de MALCOLM MCDOWELL, enquanto *BARRY LYNDON* (1975) é relembrado pela fotografia — que rendeu um Oscar a John Alcott, reconhecido por usar muito da luz natural, parceiro de Kubrick em todos os filmes citados.

CARRIE, A ESTRANHA

Vale notar que SISSY SPACEK, que contracena com Duvall em *Três mulheres*, também aparece repetidas vezes nas listas de Renato por sua atuação no filme de terror CARRIE, A ESTRANHA (1976), que tem outro livro de STEPHEN KING como inspiração e foi dirigido por BRIAN DE PALMA.

NOVA ONDA AMERICANA

De Palma, Kubrick e Altman, além de outros diretores recorrentes nas listas de Renato, como JOHN SCHLESINGER, STEVEN SPIELBERG e WOODY ALLEN, fizeram parte da chamada "nova onda americana", que, inspirada na nouvelle vague francesa, durou do fim dos anos 1960 ao começo dos anos 1980, dando aos jovens diretores um papel central na autoria dos filmes. Emblemáticos desse movimento são A PRIMEIRA NOITE DE UM HOMEM (1967), BONNIE E CLYDE (1967), PERDIDOS NA NOITE (1969), LUA DE PAPEL (1973), NASHVILLE (1975) e TAXI DRIVER — MOTORISTA DE TÁXI (1976), todos listados por Renato.

HURRA PARA HOLLYWOOD!

FAVORITOS DE TODOS OS TEMPOS:

1. *I Was a Teenage Werewolf*
2. *Os brutos também amam*
3. *Vidas amargas*
4. *... E o vento levou*
5. *The Horror of Party Beach*
6. *O Picolino*
7. *Ninotchka*
8. *O mágico de Oz*
9. *Madrugada dos mortos*
10. *Lírio partido*

OS FILMES MAIS BOBINHOS JÁ VISTOS:

1. Qualquer filme de Shirley Temple
2. Qualquer filme de *Rin Tin Tin*
3. Qualquer musical de Esther Williams
4. Qualquer filme da série de Andy Hardy
5. A série *Gidget*
6. Qualquer comédia de Abbott e Costello do começo da guerra
7. Qualquer musical da época da guerra feita pela RKO
8. Ou Paramount ou Universal
9. Os filmes de Busby Berkeley
10. Filmes da Broadway ou do show business

VICE-CAMPEÕES:

i) Qualquer filme recente que faça chorar (i.e., *Uma janela para o céu*, *Castelos de gelo* etc.).

ii) Qualquer atuação de Marsha Mason.

iii) Qualquer filme de Annette Funicello (e outros filmes de festa na praia, com a notável exceção do número 5 da lista acima de Favoritos de Todos os Tempos).

MELHOR ATUAÇÃO DE TODOS
OS TEMPOS NUM PAPEL IDIOTA:

Butterfly McQueen como Prissie
(em *... E o vento levou*, 1939)

VIDAS AMARGAS

Vencedor do Festival de Cannes, do Globo de Ouro e com quatro indicações para o Oscar de 1956 (levou a estatueta de melhor atriz coadjuvante para Jo Van Fleet), *Vidas amargas* (1955) se passa na cidade de Monterey, na Califórnia, e retrata a desestruturação de uma família na época da Primeira Guerra. Inspirado na história bíblica de Caim e Abel, o filme teve direção de Elia Kazan, roteiro de Paul Osborn a partir do romance homônimo de John Steinbeck (lançado em 1952), e contou com James Dean, Richard Davalos, Julie Harris e Raymond Massey nos papéis principais.

... E O VENTO LEVOU
+ O MÁGICO DE OZ

A história do filme ... *E o vento levou* começa com a publicação do romance homônimo de MARGARET MITCHELL, em 1936, também mencionado entre os livros preferidos de Renato. Vencedora do prêmio Pulitzer em 1937, sua obra mais importante alcançou o primeiro lugar entre os livros de ficção mais vendidos naquele mesmo ano.

O livro conta a história da filha do dono de uma plantação na Geórgia, a jovem Scarlett O'Hara, que luta, impetuosa e passional, contra a decadência de sua família durante a Guerra Civil (1861-5) e a Reconstrução (1865-77) norte-americanas. O título foi retirado do poema "Non sum qualis eram bonae sub regno Cynarae" [Não sou o que eu era no bom reino Cynarae], de Ernest Dowson.

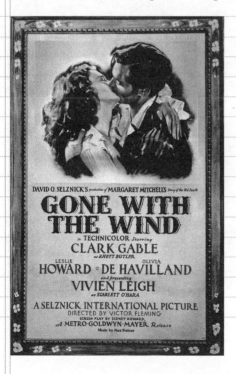

O filme ... *E o vento levou* estreou em Atlanta em 1939, três anos depois do lançamento do romance, causando enorme expectativa entre os leitores. Na data, o governador da Geórgia, Eurith Dickinson Rivers, decretou feriado em todo o estado, e o prefeito de Atlanta, William B. Hartsfield, inaugurou um festival de três dias.

O clássico foi dirigido por VICTOR FLEMING, logo depois de ter filmado *O mágico de Oz*, lançado no mesmo ano de 1939 — também mencionado por Renato na lista de "Filmes favoritos de todos os tempos".

Com treze indicações ao Oscar, venceu em oito categorias, inclusive a de melhor filme — a primeira produção em cores a levar o prêmio — e a de melhor atriz para VIVIEN LEIGH — atuação que Renato também destaca entre suas favoritas. A estatueta de melhor atriz coadjuvante fez da atriz HATTIE MCDANIEL, que interpretou Mammy (a ama de Scarlett O'Hara), a primeira negra a receber um Oscar. Numa lista de 2007 do American Film Institute, o longa levou o sexto lugar entre os cem melhores filmes americanos de todos os tempos.

Em um de seus "top vinte" dos anos 1980, Renato destaca a trilha sonora, assinada por Max Steiner. Uma das músicas é retirada da ópera *Lohengrin*, de WAGNER, que Renato tinha vontade de ver, conforme revela em sua lista "Óperas para ir".

Em outra lista (um tanto jocosa), "Melhor atuação de todos os tempos num papel idiota", Renato destaca a atuação de BUTTERFLY MCQUEEN como Prissy, jovem escrava que, a certa altura do filme, pede ajuda gritando em desespero: "Os Yankees estão vindo!".

Não é surpresa alguma que tanto o filme — um dos mais populares e comercialmente bem-sucedidos já realizados — quanto o livro — com mais de 30 milhões de exemplares vendidos no mundo — estejam entre os grandes clássicos do século XX.

"CORNIEST FILMS"

Ao ler a lista dos filmes "mais bobinhos" é inevitável lembrar que ela foi escrita por alguém cuja predileção recaía sobre alguns dos principais clássicos do cinema: filmes com roteiros admiráveis, grandes atuações, trilhas sonoras impecáveis. É em comparação com esses filmes — seus eternos favoritos — que Renato escolhe como "mais bobinhos" os filmes estrelados por SHIRLEY TEMPLE (1928-2014), ANDY HARDY (personagem vivido pelo ator Mickey Rooney, 1920-2014) e a dupla BUD ABBOTT (1895-1974) e LOU COSTELLO (1906-59), entre outros longas que, com o passar do tempo, tiveram suas qualidades artísticas reconhecidas, a despeito de se voltarem principalmente ao entretenimento.

>»»» "Também me irrita ainda tudo que percebo como sendo autoritarismo e/ou arbitrariedade. Ainda não tenho paciência nesse campo. Me isolei nos meus estudos por muito tempo, o que aguçou meu espírito crítico. Sou ainda perfeccionista e exigente (principalmente no campo estético), mas tudo bem. Quem conhece Pasolini e Ernst Lubitsch não vai gostar muito do *Domingão do Faustão*, por exemplo (acho o programa vulgar, manipulador e 'fascistoide', apelando para instintos baixos e preconceitos — mas agora é até divertido para mim, de tão idiota). Antes fazia questão de me isolar em sofisticação e estéticas 'superiores e alternativas'. Agora me vejo aproveitando as coisas simples da vida." (RR, *SÓ POR HOJE E PARA SEMPRE*, P. 156)

PRÊMIO RUSSELL DE CINEMA

Até de 22 março de 1982

FILME
Excalibur, O sopro do coração, Lena Rais, Die Kinder aus nr. 67, Die letzen Jahre der Kindheit, As mil e uma noites.

DIRETOR
Louis Malle por *O sopro do coração*
Pier Paolo Pasolini por *As mil e uma noites*
Jean Cocteau por *Sangue de um poeta*
Domingos de Oliveira por *Todas as mulheres do mundo*
John Boorman por *Excalibur*
Steven Spielberg por *Os caçadores da arca perdida*
Christian Rischert por *Lena Rais*
Norbert Kückelman por *Die letzen Jahre der Kindheit*
Usch Barthelmeß-Weller e Werner Meyer por *Die Kinder aus nr. 67*

ATOR
Benoît Ferreux por *O sopro do coração*
Nicholas Clay por *O amante de Lady Chatterley*
Tilo Prückner por *Lena Rais*
Gerhard Gundel por *Die letzen Jahre der Kindheit*
René Schaff por *Die Kinder aus nr. 67*

ATRIZ
Lea Massari por *O sopro do coração*
Leila Diniz por *Todas as mulheres do mundo*
Krista Stadler por *Lena Rais*
Shelley Duvall por *Popeye*

continua na próxima página

ATOR COADJUVANTE
Nicholas Clay por *Excalibur*
Tilo Prückner por *Die Kinder aus nr. 67*
Marc Winocour por *O sopro do coração*
Dieter Mustakoff por *Die letzen Jahre der Kindheit*
Nikolaus Paryla por *Lena Rais*

ATRIZ COADJUVANTE
Kai Fischer por *Lena Rais*
Lissy Zimmermann por *Die letzen Jahre der Kindheit*
May Buschke por *Die Kinder aus nr. 67*

MÚSICA
Excalibur
O sopro do coração
Todas as mulheres do mundo
Die letzen Jahre der Kindheit

CENOGRAFIA
Lena Rais
Excalibur
As mil e uma noites
Os caçadores da arca perdida
Popeye

FIGURINO
As mil e uma noites
Popeye
Excalibur
Die Kinder aus nr. 67

IDEIAS
Lena Rais
Die Kinder aus nr. 67
Como eliminar seu chefe
O sopro do coração

O SOPRO DO CORAÇÃO, LOUIS MALLE

O sopro do coração (1971), de LOUIS MALLE, é um dos filmes mais laureados no Prêmio Russell de Cinema, de 1982, liderando os rankings de melhor filme, melhor ator, melhor atriz, melhor ator coadjuvante, melhor música e melhores ideias.

É uma história de formação, como muitas das apreciadas por Renato — ... *E o vento levou*, *O apanhador no campo de centeio* —, acompanhando o percurso do jovem Laurent Chevalier, que vive os dramas típicos da adolescência em Dijon, na França, nos anos 1950, logo depois da Guerra da Indochina. Foi alvo de polêmica por tratar de um tema tabu: o incesto entre mãe e filho.

O diretor francês LOUIS MALLE (1932-95) trabalhou como assistente de Robert Bresson filmando o mergulhador Jacques Cousteau antes de assinar seus próprios filmes. Quebrou tabus com cenas eróticas em obras como *Os amantes* (1958), estrelando Jeanne Moreau, e alçou a atriz Brooke Shields ao sucesso com *Pretty Baby: Menina bonita* (1978).

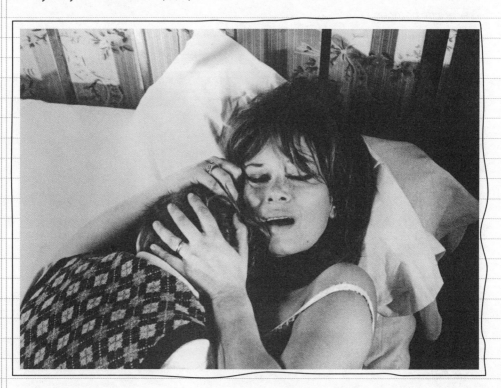

CINEMA ALEMÃO

Die letzten Jahren der Kindheit [*Die letzen Jahre der Kindheit*]
Die Kinder aus nr. 67
Lena Rais

Nas listas de Renato, chamam a atenção as referências ao cinema alemão, com a grafia original dos títulos, em consonância com as entradas de música erudita de Wagner, Mahler, Schubert e outros compositores de língua germânica.

Alguns desses filmes, ainda que feitos na Alemanha Ocidental, dificilmente devem ter chegado ao Brasil, e ainda assim ganham vários dos prêmios Russell de cinema em 1982.

É o caso de *Die Kinder aus nr. 67* [As crianças do número 67], de 1980, dirigido por USCH BARTHELMESS-WELLER e WERNER MEYER a partir da série de livros de Lisa Tetzner. O filme conta a história de um grupo de crianças que vê a ascensão do nazismo na Berlim dos anos 1930. Ou de *Die letzen Jahre der Kindheit* [Os últimos anos da infância], de 1979, com direção de NORBERT KÜCKELMANN, sobre um jovem infrator que desde os sete anos entra em conflito com a lei. Ou ainda de *Lena Rais*, de 1979, dirigido por CHRISTIAN RISCHERT, sobre uma mulher que acompanha silenciosamente a rebelião dos três filhos contra a figura paterna e, depois de quinze anos de casamento, consegue se libertar do papel de mulher oprimida.

O ENIGMA DE KASPAR HAUSER

No ano anterior, outro filme alemão chama a atenção de Renato pela atuação de BRUNO K: *O enigma de Kaspar Hauser* (1974), uma das obras-primas de WERNER HERZOG. O longa conta a história — verdadeira — de Kaspar Hauser, um jovem incapaz de falar ou andar que aparece em Nuremberg em 1828. Mais tarde, é revelado que ele foi mantido cativo num calabouço por toda a sua vida. Um benfeitor tenta integrá-lo na sociedade e depara com revelações intrigantes.

O filme se relaciona, de certa forma, com *O garoto selvagem*, de Truffaut, também estimado por Renato, em que um menino é encontrado na floresta, vivendo junto aos lobos, incapaz de falar ou andar, e é levado a Paris, onde um médico tenta ajudá-lo.

COISAS A FAZER II

1. Ir ao sindicato dos músicos e descobrir qual é a situação real.
2. Fazer trabalho de jornalismo (Lab II).
3. Ler peças. Ir à Biblioteca Jefferson com mais frequência e ler.
4. Filmes: *Wajda, Amor sem fim, Amantes em família, Reds, Num lago dourado* (você perdeu Truffaut).
5. Começar a estudar sério SÉRIO para a prova que vem aí.
6. Ensaiar canções. (Tem show no fim de semana.)
7. Limpar o quarto, roupas etc.
8. Escrever "Uma busca pelo Hades".
9. Organizar as coisas que você escreve. Tudo.
10. Dormir menos, trabalhar mais.
11. Ler livros que você ganhou de aniversário: *Loon Lake, Dark Forces, Zen e a Arte da manutenção de motocicletas, Ragtime, Swanson on Swanson, Ratos e homens* + outros. Ler muito!
12. Tentar fazer coisas, FAZER COISAS. Em vez de vagabundear por aí. + acordar mais cedo. Ler de manhã, não à noite. Trocar os horários. Organizar a agenda de telefones. Cortar o cabelo. Pegar de volta discos e livros. Comprar uma caneta nova. Fumar menos. Não cabular tanta aula. Checar trabalho de tradução e tudo mais. Comprar acabamento para a parede. Pegar óculos na rua 31. Lembrar o seu melhor amigo: <u>sempre</u> (e agradeça <u>bastante</u> a ele).

PONTOS BONS:	PONTOS BONS A TRABALHAR, COMO ACIMA.
novos amigos	TRABALHO!
nada de drogas	TRABALHO!
nada de álcool	TRABALHO!
me sentindo traquilo	yeah.

P.S. comprar discos CLÁSSICOS.
(música do começo da Idade Média, Renascença)
esp. *The Art of Courtly Love*

COMPRAR LIVROS DE PÔSTERES!

Things to do great & small.

Write Julie, Flora, Fer & Leo, Roger — send gifts!
Put up posters
Clean up house
More books at L. da Vinci.
re-decorate!
start saving up for new home
travel EVERYWHERE when you feel like it
do not depend on other people too much.
find more people like yourself.
go back to Ana Paula. (not a good idea really).
Love, Russ ♡
and : do Stonewall LIVE
        write new songs
        WORK!
        buy new equipment (& apartment downstairs?)

HOORAY FOR HOLLYWOOD!!!

My very own cult favourites: 30 All-Time Greats.

Movies: ← → Television:

1) DAYS OF HEAVEN ■ — Richard Gere, music, photography, Linda Manz, story, direction
2) PAPER MOON ■ — Ryan and Tatum O'Neal, Madeline Kahn, story, music.
3) MIDNIGHT COWBOY ■ — Jon Voight, story, New York in 68. Great fun, excellent dialogues and situations.
4) WHAT'S UP, DOC? — O'Neal, Streisand, Kahn
5) PRIVILEGE * — best rock movie ever made along w/ Gimme Shelter also a cult favourite. Campy, haunting.
6) YOURS, MINE AND OURS □ — Great fun, lots of kids.
7) THE BOYS IN THE BAND — Great acting, funny dialogues, sad story
8) GONE WITH THE WIND ▲ — Runaway classic. Vivien Leigh and Olivia de Havilland outstanding
9) ROMEO AND JULIET ▼ — Great love story, beautiful actors and actresses, great music.
10) NASHVILLE ▲ — Excellent country & western picture, by Altman. Gwen Welles perfect, great Ronnee Blakely song 'Dues'
11) THE THREE STOOGES AND THE INVADERS FROM MARS — great 'b' movie, lots of fun.
12) PAJAMA PARTY □ — beach party pic with Anette and Frankie. Lots of dancing, music, girls and fun.
13) ABBOTT AND COSTELLO MEET FRANKENSTEIN * — scary and funny RKO monster spoof.
14) DRACULA A.D. 1972 ■ — excellent silly story about Dracula and 'hippie mob' in 70's London.
15) HANNIBAL BROOKS * — funny film, war comedy with Oliver Reed.
16) THAT COLD DAY IN THE PARK * — Michael Burns outstanding in sexual drama.
17) DAWN OF THE DEAD ** — Greatest gorey movie ever made. Sheer terror.
18) THE SWORD IN THE STONE ■ — All-time favourite Disney cartoon.
19) NINOTCHKA ■ — Garbo's funniest and sometimes most touching film. Melvin Douglas is just excellent. Great story
20) DEATH IN VENICE * — Sad, haunting movie by Visconti based on Thomas Mann.
21) DAY FOR NIGHT — Excellent Truffaut movie within a movie, great music, lots of fun.
22) RANCHO DELUXE ** — Jeff Bridges in super redneck ballyhoo picture. Fun!
23) THE GREATEST ATHLETE IN THE WORLD * — Jan-Michael Vincent as modern day Tarzan in exciting Disney pic.
24) BUS STOP ▲ — Marilyn's greatest moment ever. High-charged performances, great story.
25) SOME LIKE IT HOT ■ — Great comedy about gangsters. Curtis and Lemmon in drag, great laughs! Marilyn excellent as usual.
26) PAPER CHASE ** — Timothy Bottoms in college picture. Intelligent.
27) FLASH GORDON IN THE PLANET MONGO ** — Flash and Dale are superb!
28) THE SOUND OF MUSIC □ — Everybody's favourite musical!
29) see 'television' →
30) xi) THE BOYS FROM PAUL STREET ■ — Czech masterpiece about gang of boys and their private club and adventures. Great stuff.

Television:

1) PIG WILD ** — Nicholas Beauvy and Eric Shea in greatest Disney picture ever made. Lots of fun. Both are excellent. A film about friendship as 'Pig Wild', serious and erotic, very well played.
2) JAMES DEAN *

other runners-up: The People, Oh! Chicago, Barbarella, Grand Hotel, The Out-of-Towners.

HOW MANY TIMES YOU'VE SEEN IT: Wizard of Oz, Top Hat,

* 2 times ■ 3 times ▲ 4 times
● 5 times ▼ 6 times ○ 7 times □ 8 times

** one time only due to circumstances

Still other runners-up: Chitty Chitty Bang Bang, The Glass Bottom Boat, Barry Lyndon, A Touch of Class, Argent de Poche, X, Singing in the Rain, the Canterbury Tales, Georgy Girl.

→ also (runners-up:)

i) GIMME SHELTER ■ — Rolling Stones, Jefferson Airplane and all in unique rock documentary.
ii) UP THE DOWN STAIRCASE ● — Touching N.Y.C. school story.
iii) THOROUGHLY MODERN MILLIE ▲ — fun Julie Andrews 1920's film about white slavery and romance. James Fox is great.
iv) POTEMKIN ■ — great russian classic.
v) THE GO-BETWEEN ■ — Julie Christie, Alan Bates, just excellent.
vi) AROUND THE WORLD IN 80 DAYS ▲ — David Niven and Shirley Maclaine in Julio Verne adv. The greatest of all greats.
vii) THE PATSY * — great Jerry Lewis comedy.
viii) ALL QUIET ON THE WESTERN FRONT ** — beautiful war film.
ix) THE HEART IS A LONELY HUNTER ** — beautiful touching story in a very moving film. Brilliant acting.
x) BUSTER AND BILLIE * — Love story with Jan-Michael Vincent. Excellent script. Touching final scenes.

30 and MORE!!!

Great Movies.

HURRA PARA HOLLYWOOD II

MEUS FAVORITOS CULT: 30 MAIORES DE TODOS OS TEMPOS

QUANTAS VEZES VOCÊ ASSISTIU:

✳ 2 VEZES   ■ 3 VEZES   △ 4 VEZES   ● 5 VEZES

♥ 6 VEZES   ◐ 7 VEZES   □ 8 VEZES

✳✳ SÓ UMA VEZ DEVIDO ÀS CIRCUNSTÂNCIAS

1. *CINZAS NO PARAÍSO* ■

   Richard Gere, música, fotografia, Linda Manz, história, direção.

2. *LUA DE PAPEL* ■

   Ryan e Tatum O'Neal, Madeline Kahn, história, música.

3. *PERDIDOS NA NOITE* ■

   Jon Voight, história, Nova York em 68.

4. *ESSA PEQUENA É UMA PARADA* ●

   Muito divertido, excelentes diálogos e situações, O'Neal, Streisand, Kahn.

5. *PRIVILÉGIO* △

   Melhor filme de rock já feito junto com *Gimme Shelter*, também um favorito cult.
   Caricato, fica na cabeça.

6. *OS SEUS, OS MEUS E OS NOSSOS* □

   Muito divertido, um monte de crianças.

7. *OS RAPAZES DA BANDA* ■

   Grande atuação, diálogos engraçados.
   História triste.

8. *... E O VENTO LEVOU* △

   Clássico longo, Vivien Leigh e Olivia de Havilland excepcionais.

9. *ROMEU & JULIETA* ♥

   Grande história de amor, atores e atrizes lindos, boa música.

10. *NASHVILLE* △

    Excelente filme country & western de Altman.
    Gwen Welles perfeita, grandes canções de blues de Ronee Blakley.

11. *THE THREE STOOGES AND THE INVADERS FROM MARS* ♥

    Grande filme B, muito divertido.

12. *ELE, ELA E O PIJAMA* □

    Filme de festa na praia, com Annette e Frankie, muita dança, música,
    garotas e diversão.

13. ÀS VOLTAS COM FANTASMAS *

Assustador e engraçado monstro da RKO, paródia.

14. DRÁCULA NO MUNDO DA MINISSAIA ◬

Excelente história boba sobre Drácula e patota hippie em Londres
nos anos 1970.

15. OS DESTEMIDOS NÃO CAEM *

Filme engraçado, comédia de guerra com Oliver Reed.

16. UMA MULHER DIFERENTE *

Michael Burns excepcional em drama sexual.

17. MADRUGADA DOS MORTOS * *

Maior filme sanguinolento já feito.
Puro terror.

18. A ESPADA ERA A LEI ■

Desenho da Disney favorito de todos os tempos.

19. NINOTCHKA ■

Filme mais engraçado e às vezes mais comovente de Garbo.
Melvyn Douglas está simplesmente excelente.
Grande história.

20. MORTE EM VENEZA *

Filme triste e obcecado de Visconti baseado em Thomas Mann.

21. A NOITE AMERICANA *

Excelente filme dento de filme de Truffaut, boa música, muito divertido.

22. RANCHO DELUXE * *

Jeff Bridges num filme supersensacionalista caipira.

23. THE WORLD'S GREATEST ATHLETE *

Jan-Michael Vincent como um Tarzan moderno num empolgante
filme da Disney.

24. NUNCA FUI SANTA ◬

O melhor momento de Marylin.
Atuações eletrizantes, grande história.

25. QUANTO MAIS QUENTE MELHOR ■

Grande comédia sobre gângsteres.
Curtis e Lemmon vestidos de mulher.
Muitas risadas!
Marylin excelente como sempre.

26. O HOMEM QUE EU ESCOLHI * *

Timothy Bottoms em filme sobre faculdade.
Inteligente.

27. **FLASH GORDON NO PLANETA MONGO** ✳✳

O maior dos maiores.

Flash e Dale soberbos!

28. **A NOVIÇA REBELDE** ▫

Musical favorito de todo mundo!

29. **VER "TELEVISÃO"**

30.

→ **TELEVISÃO:**

1. **PIG WILD** [HOG WILD] ▪

Nicolas Beauvy e Eric Shea no maior filme da Disney já feito.

Muito divertido.

Ambos estão excelentes.

2. **JAMES DEAN** ✳✳

Um filme sobre amizade como *Pig Wild* [*Hog Wild*], sério e erótico,
muito bem interpretado.

VICE-CAMPEÕES:

THE PEOPLE; OH! CHICAGO; BARBARELLA; GRANDE HOTEL;

FORASTEIROS EM NOVA YORK; O MÁGICO DE OZ; O PICOLINO.

MAIS VICE-CAMPEÕES:

O CALHAMBEQUE; A ESPIÃ DE CALCINHAS DE RENDA; BARRY LYNDON;

UM TOQUE DE CLASSE; NA IDADE DA INOCÊNCIA; X; CANTANDO NA CHUVA;

OS CONTOS DE CANTERBURY; GEORGY, A FEITICEIRA.

→ **TAMBÉM/ (VICE-CAMPEÕES:)**

i) GIMME SHELTER ▪

Rolling Stones, Jefferson Airplane e todos num documentário de rock incrível.

ii) SUBINDO POR ONDE SE DESCE ●

Comovente história sobre uma escola de Nova York.

iii) POSITIVAMENTE MILLIE △

Divertido filme de Julie Andrews sobre os anos 1920 e escravas
brancas e romance.

James Fox está ótimo.

iv) O ENCOURAÇADO POTEMKIN ▪

Grande clássico russo.

v) *O MENSAGEIRO* ■
   Julie Christie, Alan Bates, simplesmente excelentes.
vi) *A VOLTA AO MUNDO EM 80 DIAS* △
   David Niven e Shirley MacLaine em aventura de Jules Verne.
vii) *O OTÁRIO* ✻
   Grande comédia de Jerry Lewis.
viii) *NADA DE NOVO NO FRONT* ✻✻
   Lindo filme de guerra.
ix) *POR QUE TEM DE SER ASSIM?* ✻✻
   Linda e tocante história num filme muito comovente.
   Atuações brilhantes.
x) *BUSTER E BILLIE* ✻
   História de amor com Michael Vincent.
   Excelente roteiro.
   Cenas finais tocantes.
xi) *OS MENINOS DA RUA PAULO* ■
   Obra-prima checa sobre gangue de garotos e seu clube e aventuras particulares.
   Grande filme.

"WHAT IS A YOUTH", TEMA DE AMOR DE *ROMEU & JULIETA*, NINO ROTA

"Fiquei cantando o tema de amor de Romeu & Julieta, para me acalmar (pode?). Me acalmei." (RR, *SÓ POR HOJE E PARA SEMPRE*, P. 115)

"WHAT IS A YOUTH", o tema de amor tão apreciado por Renato, foi composto por (NINO ROTA) e cantado por Glen Weston na trilha original do filme de Zeffirelli. Uma versão instrumental do tema, arranjada por Henry Mancini e lançada em seu álbum *A Warm Shade of Ivory*, atingiu o topo das paradas de sucesso nos Estados Unidos por duas semanas em 1969, roubando o posto de "Get Back", dos Beatles, que estava em primeiro lugar havia cinco semanas.

MINHA LISTA DE MELHORES BANDAS
DE ROCK 'N' ROLL DE TODOS OS TEMPOS

OS MUTANTES
THE ROLLING STONES

1. THE BEATLES
2. THE SEX PISTOLS
3. THE SMITHS

MINHA LISTA DE FAVORITOS DE TODOS OS TEMPOS:
(sem incluir as bandas mencionadas acima)

JONI MITCHELL
THE BEACH BOYS
LEONARD COHEN
HARPERS BIZZARE [HARPERS BIZZARRE] (escrito errado, provavelmente)
THE BYRDS (OS PRIMEIROS TRABALHOS)
GRAM PARSONS

JEFFERSON AIRPLANE

INCREDIBLE STRING BAND
YOUNG MARBLE GIANTS

DOLL BY DOLL
MAHLER
SATIE

TODOS OS COMPOSITORES ANÔNIMOS DE ALAÚDE
TODOS OS COMPOSITORES ANÔNIMOS *CIRCA* 1500 - (MENOS)
VAN MORRISON (escrito errado?)
SPRINGSTEEN
TODOS OS NOVATOS QUE RESPEITO (LYDON, CURE, SIOUXSIE,
ANGELS, B-52'S, POLICE,

quando você anota um nome, fica difícil lembrar o que tinha em mente (e estava
prestes a anotar), porque isso foi depois.

THE SMITHS

A banda formada por Steven Patrick Morrissey e John Martin Maher (Johnny Marr) em Manchester em 1982 — cuja formação clássica teria ainda Mike Joyce e Andy Rourke — nunca fugiu de uma boa briga. Com letras que criticavam a monarquia e atacavam outros tantos aspectos da cultura de seu país, os SMITHS ocuparam as paradas de sucesso durante cerca de cinco anos, até a dissolução definitiva da banda em 1987, deixando quatro álbuns de estúdio — *The Smiths* (1984), *Meat Is Murder* (1985), *The Queen Is Dead* (1986), *Strangeways, Here We Come* (1987) — que ainda fazem a cabeça de quem ouve e toca rock 'n' roll. Canções como "The Boy With the Thorn in His Side", "Bigmouth Strikes Again" e "There Is a Light that Never Goes Out", repetidas nas rádios de todo o mundo, ainda soam com a mesma novidade de duas décadas atrás.

O interesse de Renato Russo pelo trabalho dos Smiths sempre foi bem além de incluir o grupo em suas listas de preferências. Vale notar, por exemplo, que a carreira de Renato com a Legião Urbana começou a se desenvolver praticamente na mesma época em que a da banda de Morrissey e Marr surgiu, o que explica os muitos traços comuns na forma como lidavam com a cena musical que os antecedeu e também com a concepção estética em que apostaram. Numa entrevista, Renato brincou: »»» "A minha dança é a dança do Jim Morrison. Só que eu sou desajeitado, aí fica parecendo que é o MORRISSEY".

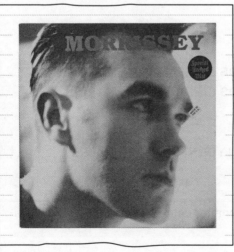

LEONARD COHEN

A obra do canadense Leonard Cohen (1934-2016) começou na literatura, com livros de poemas e romances lançados antes mesmo de completar trinta anos. Mas seu sucesso como escritor seria rapidamente superado pela atenção que passou a chamar como compositor e cantor na segunda metade dos anos 1960, com canções como "Suzanne" e "Bird on the Wire". Contudo, nada se compararia ao sucesso da faixa "Hallelujah", lançada em 1984 no álbum *Various Positions*.
"Hallelujah" está entre as canções mais regravadas da história, integrando o repertório de músicos das mais variadas tendências, de Jeff Buckley a Bon Jovi, de Bob Dylan a Justin Timberlake.

Durante sua longa carreira, Cohen encontrou uma mescla de folk, blues e outros tantos elementos que garantem a riqueza e a singularidade de seu repertório. De origem judaica, o dono de uma das vozes mais belas do mundo sempre conciliou seu trabalho como músico e escritor com períodos de maior reclusão, em que se dedicava à prática do budismo, tendo vivido durante anos num mosteiro como monge zen.

THE POLICE

Ainda hoje é fácil encontrar o nome do cantor Sting no noticiário, seja pela sua consolidada carreira musical, seja pela militância em causas ambientais e sociais no mundo todo. Entre 1977 e 1984, estava à frente do THE POLICE, ao lado de Andy Summers e Stewart Copeland, gravando algumas das canções mais executadas da história.

Já em seu primeiro single, "Roxanne", a banda inglesa trazia uma influência de jazz e reggae que a distinguiria na cena do rock e colocaria a chamada *new wave* — cada vez mais distante do punk — como principal tendência da música pop nos anos 1980.

No entanto, em 1983, com o álbum *Synchronicity*, o Police encerrava sua fabulosa carreira — não sem antes colocar no topo das paradas clássicos como "Every Breath You Take", "King of Pain" e "Wrapped around Your Finger", que embalaram, entre tantos fãs, os três jovens de Brasília que formariam a Legião Urbana naquela época. Arthur Dapieve, em sua biografia de Renato Russo, conta que esse foi o disco que eles "ouviram até gastar" quando estavam no Rio de Janeiro para assinar seu primeiro contrato.

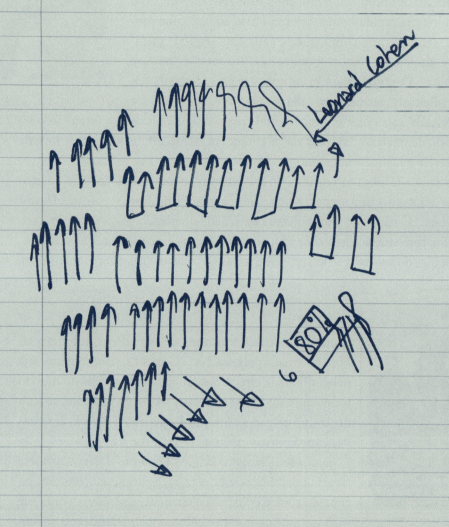

GUSTAV MAHLER E ERIK SATIE

As referências de músicas populares e eruditas se misturavam nas listas de Renato, e é assim que Mahler e Satie aparecem colados às melhores bandas de rock de todos os tempos.

O maestro e compositor austríaco GUSTAV MAHLER (1860-1911) compôs dez sinfonias, além de canções com acompanhamento de orquestra. Suas criações contribuíram para a passagem do Romantismo para a Modernidade, influenciando compositores como Arnold Schönberg e Alban Berg.

Em uma lista que relaciona aquilo que ouvia em 1994, Renato incluiu a Sinfonia n. 9 em ré maior, numa gravação da FILARMÔNICA DE VIENA regida por BRUNO WALTER. Foi a última sinfonia que Mahler concluiu, em 1910 — já que morreu antes de terminar a décima —, e não chegou a ouvir sua primeira execução, nas mãos do próprio Walter, em 1912. O quarto e último movimento, "ADAGIO", que Renato listou, é considerado um hino à morte, ou uma despedida da vida, com seus longos silêncios e uma indicação final na partitura que diz *"ersterbend"*, "morrendo". Não à toa a obra chamou a atenção de Renato nos seus dois últimos anos de vida.

O compositor francês ERIK SATIE (1866-1925), notório excêntrico, ficou mais conhecido por suas *Gymnopédies* e *Gnossiennes*, obras representativas da economia melancólica de sua música. Nos anos 1990, Renato estava atento a "JE TE VEUX" — valsa composta para a cantora Paulette Darty, a quem Satie acompanhou por um tempo, com letra de Henry Pacory — e outras peças como "CARESSE", "PETITE MUSIQUE DE CLOWN TRISTE" e "RÊVERIE DU PAUVRE", todas performadas pela pianista japonesa AKI TAKAHASHI. Soube-se mais tarde, contudo, que as duas últimas foram creditadas a Satie por engano entre 1970 e 1995.

ANOS 1990

[TENHA EM MENTE...]

Tenha em mente escrever canções inspiradoras, canções de amor & esperança & amizade — com belas melodias & letras delicadas, sábias & gentis. Tente ser fiel a si mesmo & você não errará. Lembre-se de todos aqueles que você ama & daqueles que amam você. Seja livre! ∆ ℂ ♡ ∞

Junte todo o material produzido (da sua coleção de fitas & também o material da EMI). Você pode trabalhar em Brasília (leve seus cadernos com você — repassar seu material escrito em Ilha [do Governador]).

Escreva canções sem o uso de instrumentos — memorize as linhas melódicas (& harmonia, ritmo e arranjo) gravando direto com o microfone na fita de quatro canais. Use a sua cabeça, use a sua voz. (& então toque a música em qualquer que seja o instrumento que você necessite).

Lembre-se de procurar encontrar o tom mais adequado para a sua extensão vocal.

Ideias: números pop em ritmo acelerado
melodias elaboradas
números de dança
números acústicos (country, folk)
baladas (rádio - quarenta melhores)
números com riff de guitarra
arranjos vocais

Conceito: canções sobre amor & amizade
amadurecer
uma sequência natural para *As quatro estações*

∆ ℂ ♡ ∞

LISTA

~~Escrever artigo para Tom Leão (foto)~~
Contatos: Dudu
      Ritchie (será que ele toca algum instrumento?) perguntar a Mayrton
      Guilherme Arantes
      Rafael (balanço, contas, anunc. inst.)
      todos os artigos — *Estado, Folha da Tarde, O Dia*
      exercício! (outros estados)
ir na EMI Milton
Guido, Adrian, Alvin & amigos
Checar o número de telefone da Patrícia (Ana Paula)
Fazer lista de kits. (se você não fizer, ninguém fará)
Cássia Eller (escrever canções)
Arranjar Capital (CD) & começar a fazer as coisas & checar o que está acontecendo
Festa?   Luis Fernando & amigos
Pegar óculos
Dentista
Comprar caixa grande
Organizar livros (sala de jantar)
Fazer amigos!
    TRABALHAR à tarde (você pode fazer barulho). Não há desculpa para não fazer
    isso de tarde.
Marco Aurélio & a máquina. AMANHÃ!
Mais: Miguel na Gramphone (*Tannhäuser*?)
    Leonardo da Vinci tentação?
    Dazibao   George Baudrillard (máscaras)
Esqueça arrependimentos, o que está feito está feito   Victor
Fazer compras na Siqueira com MS
Kits para: contador & equipe. José Antonio Perdono
Flertei mesmo c/ o Dudu. Espero que ele tenha notado.
Luís (uma ópera) "Minute operas"
Século; década; milênio   Estou casado — Quem é a pessoa feliz?
Sexo! Ir para Zoom, sábado.
Cuidado com a sra. Radcliffe!
Ela não tem medo de ser feliz.
Comprar um computador. Perguntar a amigos.

Eu disse a verdade!
Checar intervalo entre prazos de releases (contrato) (isso nos afeta/
　　　alguma coisa?)
e a parte a qual não cumprimos
~~ligar para Cacá~~
Mariozim

TOP DEZ 1990

(as que eu lembro,
pq. estou sem meus discos.
isto é, posso ter esquecido
algo FUNDAMENTAL!)

1. △ **PET SHOP BOYS** - *Behavior*
   △ **MARIANNE FAITHFULL** - *Blazing Away*
2. ☾ **BILLY DEAN** - "Somewhere in My Broken Heart"
3. △ **LENNY KRAVITZ** - "Let Love Rule"
4. △ **PUBLIC ENEMY** - "Fear of a Black Planet"
5. * **IGGY POP** - "Candy"
   * **WILSON PHILLIPS** - "Hold on"
6. * **GARTH BROOKS** - *No Fences*
7. * **ELECTRONIC** - "Getting Away with It"
   * **EN SOUL** [EN VOGUE] - *Born to Sing*
8. # **LIVING COLOUR** - "Type"
9. ☾ **MARINA** - "A garota de Ipanema"
   ☾ **TITÃS** - "Deus e o Diabo"
10. # **"QUE FIM LEVOU ROBIN?"** - tema de *Dancing Days* (remix)

△ álbum
* single
☾ faixa de álbum
nenhum dos acima (ñ sei)

TOP CINCO, LEMBRA? 1990

1. **"NERVOUSLY"** - Pet Shop Boys
2. **"TIMES SQUARE"** - Marianne Faithfull
3. **"HOLD ON"** - Wilson Phillips
4. **"GETTING AWAY WITH IT"** - Electronic
5. **"CANDY"** - Iggy Pop & Kate Pierson

Ei! São os anos noventa!

ASC.   Touro   1°31"
SOL   Touro
LUA
MERCURIO
VENUS
MARTE
JUPITER
SATURNO
URANO
NETUNO
PLUTÃO

I	1°31"	Touro	SOL MERC 6°50 Taur 14°10
II	0°42"	Gem	VENUS 24°25 Gem
III	0°54"	Can	JUPITER 27°41 Canc
IV	2°10"	Leo	Virg 20°35
V	3°57	Virg	URANO PLUTÃO 18°08 Virg.
VI	4°19	Lib	MARTE 17°55 Lib.
VII	1°31	Esc	NETUNO 23°15 Scorp
VIII	0°42	Sag	
IX	0°54	Cap	
X	2°10	Aq	
XI	3°57	Peix	LUA 28°22 Peix
XII	4°19	Ar.	SATURNO 7°38 Aries

I	8°30	Peixes	MERC 12°31 VEN 13°49
II	6°26	Arie	SOL 6°38 LUA 6°55
III	7°00	Tou	
IV	8°22	Gem	
V	9°13	Canc	
VI	9°20	Leão	URANO 17°17 PLUTÃO 4°08 virg.
VII	8°30	Virg	
VIII	6°26	Libra	
IX	7°00	Esc	NETUNO ~~cap~~ 8°34
X	8°22	Sag	~~SAT~~ JUP 2°60 cap.
XI	9°13	Cap	SATURNO 17°44
XII	9°20	Aq.	MARTE 25°24

ADORO A MINHA CALIGRAFIA

a que horas acordar?

eu não acho nada, só estou te contando uma estória

a origem das palavras.

tanta coisa acontecendo.

Giuli é bem esperto.

domingos

M. Aurelio & os rapazes.

um Cadillac.

ficar famoso.

ganhar dinheiro.

um álbum bom.

tempo para escrever, ler, estudar.

trabalhar!

escrever poesia em português
para álbum.

"Rise" é uma boa observação sobre "Black or White", de Michael Jackson.

o sentido da vida.

não pegar resfriados!

ÓPERAS PARA IR

MOZART -
~~Così fan tutte~~   BÖHM, DAVIS
~~Don Giovanni~~   MAAZEL, BÖHM
~~A flauta mágica~~   LEVINE, SOLTI
Instrumentos autênticos

WAGNER -
Tannhäuser   SOLTI, SAWALLISCH
~~Lohengrin~~   ~~KEMPE~~
Der Ring des Nibelungen   SOLTI, BÖHM

STRAUSS, RICHARD -
~~Arabella~~
~~A mulher silenciosa~~
~~Daphne~~
Die Liebe der Danae
~~Capriccio~~
Friedenstag
Intermezzo
Helena, a egípcia

FAZER ISSO MAIS TARDE
~~arranjar *Lohengrin* de Kempe segunda-feira~~
~~& também Strauss~~   feito

BERLIOZ? *WERTHER*
Colin Davis, domingo.

CONSEGUIR ~~*D. GIOVANNI*~~
~~& *Così fan tutte*~~ (instrumentos autênticos)

TANNHÄUSER E *TRISTÃO & ISOLDA*, RICHARD WAGNER
+ *LUDWIG*, LUCHINO VISCONTI

Foi na juventude que o compositor alemão RICHARD WAGNER (1813-83) criou música e libreto de Tannhäuser, uma *grand opéra* conforme a tradição parisiense, que teve sua estreia mundial na Semperopera de Dresden em 1845. Em 1861, a versão revisada estreou na Opéra de Paris.

A obra parte da lenda do cavaleiro Tannhäuser, que, depois de passar um tempo no reino de Vênus, se cansa e decide voltar ao mundo dos humanos. O concurso de canto de Wartburg do segundo ato é seu evento dramático principal.

No terceiro ato, o amigo de Tannhäuser e barítono Wolfram canta uma ária que, por ser altamente memorizável e boa de cantar, fez sucesso nas eras vitoriana e eduardiana. Em anotação de 1985, depois de celebrar a peça com a expressão *"Oh, yes:* Tannhäuser", Renato cita em alemão o verso mais conhecido da ária, *"O du, mein holder Abendstern"* e, logo em seguida, a tradução em português, "Ó estrela vespertina", que parece constar do disco que estava ouvindo. Logo em seguida, critica Machado de Assis como poeta. Por que será? Terá sido Machado o tradutor dos versos de Wagner no encarte em posse de Renato?

O que se sabe é que Machado tematizou a ópera em uma crônica intitulada "Tannhäuser e bonds elétricos", publicada na *Gazeta de Notícias* do Rio de Janeiro em 1892, quando a ópera de Wagner aterrissou no Rio de Janeiro. Em Paris, foi Baudelaire que resenhou a estreia. A obra também serviu de inspiração para Oscar Wilde em *O retrato de Dorian Gray* e era admirada por Freud, por tematizar a dicotomia entre a carne e o espírito — assunto muito caro a Renato.

Tannhäuser volta a ser mencionada por Machado no romance *Memorial de Aires*, quando é tocada pelo personagem Tristão — nome emprestado, aliás, de outra ópera de Wagner, TRISTÃO E ISOLDA — obra também admirada por Renato, talvez por tratar de um amor impossível.

Tanto *Tannhäuser* quanto *Tristão e Isolda* fazem parte da trilha sonora de LUDWIG (1972), dirigido por LUCHINO VISCONTI e listado por Renato em 1994 como "favorito de todos os tempos". O filme conta a história da vida e da morte do rei da Bavária Ludwig II, conhecido por ser fã de Wagner e ter construído castelos magníficos como o Neuschwanstein. O herói, um romântico do século XIX que gosta da solidão, sofre decepções que o deixam mais isolado e não consegue governar, é rotulado como um louco, passa a viver no mundo da fantasia e morre misteriosamente.

O QUE VOCÊ FEZ

1. VOCÊ COMPROU CAMISETAS

2. DEPOIS ROUPA DE BANHO

3. ENTÃO ENCOMENDOU O LIVRO DE SHAKESPEARE
   PROVAVELMENTE VOLTOU PARA O HOTEL
   & PEGOU UM TÁXI.

4. ENTÃO FOI PARA O ESCRITÓRIO
   PEGOU DINHEIRO:
   PAROU NA ANA PAULA 20
       DAZIBAO
       SICILIANO
       UNILIVROS
   MAIS DINHEIRO

5. ENTÃO VOLTOU E FOI PARA A DAZIBAO (FECHADA?)
   PAROU NA BANCA DE REVISTAS?
   PERDEU DINHEIRO?

study more
sleep less
smoke less
eat more
exercise!
fix guitar and write lyrics to new songs.

PLANOS PARA A SEMANA

Telefonar para Rafael para passagens para San Francisco — companhias aéreas
    — horários
PRIMEIRA CLASSE — melhor companhia
No Rio fazer as malas (calça de couro, jaqueta, roupa de baixo — o resto dá pra
    comprar lá)
Fazer esta depressão ir embora & ir ver quem você ama (pode ser a última vez,
    você sabe disso)
Organizar o seu trabalho (música & ideias para letras)
Verificar as contas
Mais todas as merda para resolver: UBC, escritura, vídeo da Manchete
Eu gostaria de beber & não passar mal. Não tenho fome
Quero trabalhar em canções novas
& não é engraçado, pouca coisa acontece (& está ficando cada vez mais esquisito
    a cada minuto)
Você não deveria ter lido os jornais de domingo
Agora estou totalmente só, mas me sinto bem (3V, 2 Lex, 2 Lext)
+ um baseado. Mas nem mesmo essas drogas estão tendo qualquer efeito perceptível
& Scott não estava lá, então deixei uma mensagem para ele me ligar a cobrar (que
    eu não acho que ele vá fazer). Estou totalmente só. Mas me sinto meio em
    paz (mesmo que um pouco triste), mas em paz mesmo assim. Odeio me
    sentir assim. Vou ligar para o Rafael & vou para San Francisco LOGO LOGO
    & vou fazer meu teste lá
Lembre-se, segunda-feira você vai ter que ir lá outra vez
& por favor não espere nenhum milagre △ ℂ ♡ ∞
Apronte-se
& eu gostaria de ter heroína. Valiums não me adiantam nada agora
Apronte-se

POR QUE ME SINTO TÃO TRISTE HOJE

INADEQUADO, SAUDOSO
POR QUE PESADELOS
INSEGURO
CANSADO
TRISTE
MAL-AMADO
ESQUECIDO

(OH, MARY, ÂNIMO!)

Why do I feel so sad today
Inadequate, longing
Why nightmares.
Insecure
Tired.
Sad.
Unloved.
Forgotten.

(oh, Mary, cheer up!)

1) Se eu fico acordado a noite inteira, o faço em silêncio.

2) Sábado de manhã, (eu) tenho TODO o direito de agir como quiser. Pois, é sábado.

3) Tenho reclamaçóep de vocês também.

PESSOAS QUE ADMIRO (DA MINHA GERAÇÃO)

LINDBERGH FARIAS
AYRTON SENNA
BIA LESSA
SILVIO BARBATO
RENATO GAÚCHO & GAÚCHO
AQUELE MAESTRO
TODOS OS CINEASTAS & ARTISTAS
OTÁVIO MESQUITA & TANTOS OUTROS, POR TANTAS RAZÕES: CARLOS
FERNANDO, FREJAT, TAVINHO, CÁSSIA, FERNANDINHA, F. TORRES,
J. TORRES, J. VITTI (PORQUE ELE É FOFO), ARNALDO ANTUNES (ATÉ
MESMO *PEDRO SÓ*, QUE EU ACHO QUE ENTENDO).

"FAROESTE CABOCLO"
(VOCÊ ESTÁ CHAPADO) HEH-HEH

PEOPLE I ADMIRE (my generation):
Lindbergh Farias/ Ayrton Senna/ Bia Lessa/ Silvio Barbato
Renato Gaúcho & Gaúcho/ that maestro/ all film-makers
& artists. Otávio Mesquita & so many, for so
many reasons: Carlos Fernando, Frejat, Tavinho,
Cássia, Fernandinha, F. Torres, J. Torres, J. Vitti
(because he's cute)., Arnaldo Antunes (even Pedro Só,
who I think I   Faroeste Caboclo.
understand).
(you're stoned). heh-heh.

COISAS QUE COMPREI HOJE

MÚSICA ÁRABE TRADICIONAL - bacana
CAIXINHAS DE MÚSICA - esquisito
MOVA MUSICA ESPANHOLA NO VIOLÃO - chato?
PARSIFAL - em italiano - interessante
WORLD MUSIC LIBRARY - Azerbaijão -
       LITURGIA BUDISTA DO TIBETE
       RAJASTÃO (música vocal)
CLASSICAL MUSIC OF THAILAND
O MELHOR DA TURQUIA - música pop
MUSIQUE DU MONDE - Armênia
     COREÉ
     BULGÁRIA
     MIANMAR
MÚSICA EM BALI
CANÇÕES GAMELÃS DE BALI

MEDIEVAL SONGS AND DANCES - St. George's Canzona
AVE REGINA CAELORUM
MUSICALIS SCIENTIA
BAROQUE MUSIC FOR LUTE AND GUITAR
RENASCENÇA ITALIANA
GAUCELM FAIDIT - *Songs*
MÂNTUA/FERRARA
HOLANDESAS
XV/ITÁLIA
PIERRE VIDAL

tudo muito bacana

MEU LIVRO DE LISTAS/CDS PARA COMPRAR

CDS PARA COMPRAR:

JIMMY BUFFETT	*Down to Earth*
	High Cumberland Jubilee
	A White Sport Coat & a Pink Crustacean
	A1A
	Rancho Deluxe (trilha sonora)
	Coconut Telegraph
	(vídeo) "Live by the Bay" (vídeo da MCA/UNIVERSAL)
THE MOODY BLUES	*On the Threshold of a Dream*
	Days of Future Passed
DAVID BOWIE	*Heroes*
FOCUS	*Moving Waves* (FOCUS II)
GORDON LIGHTFOOT	*If You Could Read My Mind*
	Summer Side of Life
	Don Quixote
	Old Dan's Records
	Cold on the Shoulder
JONI MITCHELL	*Miles of Aisles*
	Shadows & Light
THE GRATEFUL DEAD	*The Grateful Dead* (primeiro)
	History of the Grateful Dead, vol. I (Bear's Choice)
	The Grateful Dead (1971, ao vivo)
	Wake of the Flood
BLOOD, SWEAT & TEARS	*New Blood*
ALICE COOPER	*1*
	2
	Killer
	Muscle of Love

COUNTRY: MARY CHAPIN CARPENTER — três primeiros álbuns

RODNEY CROWELL	*Life Is Messy*
JOHN PRINE	*The Missing Years*
LYLE LOVETT	*Joshua Judges Ruth*

DAVID BOWIE

HEROES, lançado por DAVID BOWIE (1947-2016) em 1977, integra a "trilogia de Berlim", composta também de *Low* (1977) e *Lodger* (1979), álbuns que registram uma das grandes viradas musicais do "camaleão do rock", à época morando em Berlim Ocidental e impactado por bandas como Kluster e Kraftwerk. Em parceria com músicos como BRIAN ENO e sob produção de Tony Visconti, parceiro de estúdio de Bowie durante toda a vida, *Heroes* conseguiu transportar seus ouvintes para a atmosfera pesada da cidade então cortada por um MURO que simbolizava tantos outros conflitos e bloqueios vividos por aquela geração. Bowie mergulhou nas madrugadas ("Blackout"), nos bairros periféricos ("Neuköln"), na face decadente de Berlim, para sair dali com canções que estariam entre as mais admiradas do rock de todos os tempos, como a que dá nome ao disco.

Quando HEROES foi lançado, Bowie já era um gigante, com álbuns como *The Man Who Sold The World* (1970), *The Rise and Fall of Ziggy Stardust and the Spiders from Mars* (1972) e *Young Americans* (1975), entre diversos outros clássicos que, bem como seus trabalhos posteriores, sempre provaram sua capacidade impressionante de absorver os mais variados elementos da cultura do seu tempo, renovando-os e renovando-se.

Plan girl album:

Nara Leão
→ Eduardo e Monica

* Cássia
* Leila Pinheiro
Adriana Calcanhoto
Bethânia
Gal
Rosa Maria
aquela velhinha.
* Marina
Fátima Guedes
* Daniela & CBS ?
Beth Carvalho
Alcione
* Simone
* Sandra de Sá
Xuxa
Joyce
Baby   Alaíde Costa
Amelinha
Nana
Zezé
Zizi
Angela Rorô.
Marisa Monte
Angela Maria
Marlene
Emilinha de
Lourdes Leny Andrade
Fafá
Lana Bittencourt.
Fernandinha Abreu.

JONI MITCHELL

Nascida em 1943, a canadense ROBERTA JOAN ANDERSON sempre foi presença obrigatória nas listas de Renato Russo, que, em 1992, no *Acústico MTV* com a Legião Urbana, emprestaria sua voz à canção "The Last Time I Saw Richard" (com algumas adpatações na letra, como era de seu feitio). Aliás, toda uma geração que passou os anos 1970 ao redor de vitrolas tem entre seus preferidos álbuns como *Clouds* (1969) e *Blue* (1971), que fizeram a voz potente e o violão folk de Joni Mitchell se destacarem nos palcos em que subiam JIMI HENDRIX, Bob Dylan, The Who e outros.

A longa carreira de Mitchell — com duas dezenas de discos de estúdio e dois gravados ao vivo, *Miles of Aisles* (1977) e *Shadows and Light* (1980), que também aparecem em listas de Renato — é cercada pelos mais importantes prêmios da música, mas talvez o seu reconhecimento maior venha do fato de ser admirada e lembrada como grande influência por nomes variados como Prince, Björk, Taylor Swift, Herbie Hancock, Neil Diamond, Chaka Khan, Annie Lennox, Donna Summer, entre tantos outros.

The Last Time I Saw Richard

The last time I saw Richard was Detroit in '68
And he told me all romantics meet the same fate someday
Cynical and ~~drunk~~ bitter and boring someone in some dark café
You laugh he said you think you're immune
Go look at your eyes they're full of moon
You like roses and kisses and pretty men to tell you
All those pretty lies pretty lies
When you gonna realize they're only pretty lies
Only pretty lies just pretty lies

He put a quarter in the Wurlitzer and he pushed
Three buttons and the thing began to whirr
And a ~~barmaid~~ waitress came by in fishnet stockings and a bow tie

And she said "Drink up now it's getting' on time to close"
"Richard, you haven't really changed" I said
It's just that now you're romanticizing some pain that's in your head
You got tombs in your eyes but the songs you punched are dreaming
Listen, they sing of love so sweet, love so sweet
When you gonna get yourself back on your feet?
Oh and love can be so sweet
Love so sweet

Richard got married to a figure skater
And he bought her a dishwasher and a coffee percolator
And he drinks at home now most nights with the TV on
And all the house lights left up bright
I'm gonna blow this damn candle out
I don't want nobody comin' over to my table
I got nothing to talk to anybody about
All good dreamers pass this way some day
Hidin' behind bottles in dark cafes dark cafes
Only a dark cocoon this darkness before I get my gorgeous wings and fly away
Only a phase these dark café days

A última vez que eu vi Richard

A última vez que eu vi Richard foi em Detroit, em 68,
E ele disse que um dia todo romântico vai dar num só lugar,
Cínico e bêbado amargo e chateando alguém nalgum café ou bar.
"Cê tá rindo", ele disse, "e acha que isso não é coisa tua,
Mas veja o teu olhar cheio de lua.
Cê gosta de rosas e beijos e homens lindos que dizem
Essas mentiras lindas, todas lindas.
Quando você vai perceber que são mentiras lindas,
só mentiras lindas, todas lindas?"

Ele botou moeda no Wurlitzer e apertou
Três botões e o troço então zuniu
E a moça do bar garçonete com meia arrastão e gravata-borboleta

Nos disse: "Bebam logo, daqui a pouco vai fechar".
"Richard, você não mudou nada", eu disse,
"Mas agora deu de romantizar a dor na tua cabeça.
Vejo a tumba em teu olhar, mas tuas canções sonham.
Ouça, elas cantam doce amor, doce amor.
Quando é que você vai se recompor?
Ah, e é tão doce o amor, doce amor."

Richard casou com uma patinadora,
E comprou para ela cafeteira e lavadora
E bebe em casa toda noite com TV ligada
Enquanto deixa toda luz acesa.
Eu vou soprar essa maldita vela,
Não quero que alguém venha à minha mesa,
Não tenho o que falar com quem me chega.
Todo sonhador vem dar neste lugar,
Entre garrafas num café ou bar.
Só ~~um casulo escuro~~ esta escuridão até nascerem asas pra voar,
Só uma fase de café ou bar.

MTV - acústico:
set-list —

A FÓRMULA DO AMOR ✓
CARNE E OSSO
QUIMERAS
SKA ✓
PERDIDO NA ESCURIDÃO
EU NÃO SEI DANÇAR
HOJE A NOITE NÃO TEM LUAR —

Pale Blue Eyes   Joni Mitchell:
Misguided Angel   THE LAST TIME I SAW RICHARD
Head On —   A CASE OF YOU

On The Way Home
My Name is Death
First Girl I Loved   Roxy Music:
                            JUST ANOTHER HIGH

Velvets: Don Henley:
PALE BLUE EYES   THE HEART OF THE MATTER
AFTERHOURS

AGENDA DE TRABALHO
do final de dezembro de 1993 em diante (na verdade, meio de dezembro)

THE STONEWALL CELEBRATION CONCERT
- ensaios & planejamento (canções novas), letra para canções escolhidas (transcrição), produção

BOM-CRIOULO
LUÍS
- exposição verbal (trabalho de base; conceito), Flora

CONCEITO PARA CONTO - ficção científica; uma mistura de reunião de AA com pregador e *Admirável mundo novo* - ideia de sonho

CONCEITO PARA CURTA-METRAGEM - história gay de Ano-Novo - ideia veio do telefonema de Ano-Novo do Cristiano (secretária eletrônica) & festa de LF. Ideia a ser trabalhada, escrever primeira versão. Também: o Ano-Novo solitário de LF, parte de um filme em cinco partes? Ideia

"1º DE JULHO" - em fita, letras revistas (inacabadas) - canção

"SOUL PARSIFAL" - TÍTULO DE TRABALHO, em fita - canção

MÚSICA PARA CRIANÇAS - trabalhar no setlist do álbum, quase completo

"VINTE E NOVE" - ideia para vídeo; exposição verbal & trabalho de base (Denise, Felipe, Victoria), produção

TRISTÃO & ISOLDA - trilha sonora para peça; reuniões de trabalho, pesquisa, ideia básica em fita

EBB TIDE - em progresso, colocada no papel

FRIENDS FOR THE SUMMER - em progresso, colocada no papel. Old Friends / Go West para créditos

"FALLEN CURTAIN" - ideia para um curta baseado num conto da Ruth Rendell.

APRESENTAÇÃO AO VIVO - arr. encontro entre Jean & Bonfá, frutífero

Vocais convidados no álbum da banda Sex Beatles
Aparição de vídeo de trinta segundos para a campanha do Betinho (ATOR).

Trabalho de produção para Denise Bandeira: localizar a Rainbow Film Co. (endereço, fax & fone)
- Henry Jaglom, adapt. de roteiro de filme Eating - *A Comedy about Food & Sex* para o palco.

6 DE JANEIRO
Trabalho em "1º de julho", violão acústico gravados (& nova harmonia), mas a qualidade não está boa ainda. Ir a estúdio profissional em vez disso. Descobrir - Terça-feira, 21h30. Telefonemas & contato & tudo o mais.

7 DE JANEIRO
"1º de julho" completa*. Trabalhar na valsa de "Leila" & "Soul parsifal". Setlist definido para o *Stonewall Celebration Concert*. * letra & estrutura.

TRABALHO DE PRODUÇÃO (fone). J. Davidson, Adriana Calcanhotto, Alvin.

10 DE JANEIRO
TRABALHO DE PRODUÇÃO - vídeo.

TRABALHO DE ESTÚDIO - "1º de julho" - COMPLETO.

STONEWALL CONCERT - acrescentar setlist completo (também produção).

BOM-CRIOULO - trabalhar no conceito, trabalhar

CANÇÃO NOVA - apenas refrão (em fita)

11 DE JANEIRO
CANÇÃO SOBRE UM PAÍS DAS MARAVILHAS - trabalho conceitual & plano para letras (c/ Marisa)

VÍDEO - trabalho de produção, arranjei fitas BETA & U-m (precisa transferir), arranjei câmera. Primeira filmagem de experiência. Trabalho conceitual

14 DE JANEIRO

"SOUL PARSIFAL", "VALSA DE LEILA", "CHORINHO 1". Trabalho de produção, letras, ideias

SETLIST PARA APRESENTAÇÃO AO VIVO - escolha das canções

ATÉ
19 DE JANEIRO
STONEWALL CONCERT - ensaios & novo setlist

20 DE JANEIRO
PROJETO DE VÍDEO - comprar câmera? J. Augusto (EMI) ligou, também novas ideias para ruído visual.

21 DE JANEIRO
mandei fax (versão corr.) para LA (Rainbow Pictures)
STONEWALL CONCERT - ensaio.

24 DE JANEIRO
ESCRITÓRIO - telefonemas (também Dado/Bonfá)

27 DE JANEIRO
STONEWALL (três canções novas) dois ensaios*, *EATING* (peça) - trabalho de produção. *FAROESTE CABOCLO* (conceito) -
João Vitti   JOÃO
Leticia Sabatella   M. LÚCIA
Alexandre Frota   PABLO
Marcos Palmeira   JEREMIAS
Maria Lúcia é uma menina rica que se desencaminhou, Jeremias acaba trabalhando no Congresso.
VÍDEO - conferir as transferências, câmera
ENTREVISTA PARA *JB* (sucursal de Brasília)
*   também trabalho de produção.
29 DE JANEIRO
VÍDEO - trabalhar nas ideias, planos

1º DE FEVEREIRO
TRAMA - ler sobre o assunto & planejar The Taverner
VÍDEO, *STONEWALL.*

BOM-CRIOULO (*New Grover Dictionary of Opera*) - leituras

4 DE FEVEREIRO
STONEWALL - ensaios, produção (datas de estúdio, tudo) setlists e tudo o mais.
VÍDEO — arranjei câmera, filmagem de teste

8 DE FEVEREIRO
STONEWALL - trabalho geral

17 DE FEVEREIRO
STONEWALL - estúdio, trabalho de base, pré no Nanini's & também aqui etc.
11 faixas prontas (pré). Setlists, tudo o mais.

↓ **A PARTIR DO DIA 21** → **SESSÕES DE ESTÚDIO**: *Stonewall*
    2 de março → **TRABALHO DE PRODUÇÃO**   "
    9 de março   "   "   "   **MIXAGEM**
    26 de março Trabalho de estúdio *Stonewall*

↓**1º DE MAIO**
TRABALHO TRABALHO TRABALHO
Stonewall (projeto pronto)

ensaios c/ banda
imprensa & televisão
muito trabalho, sem parar

↓**30 DE MAIO**
TRABALHO TRABALHO TRABALHO
dois shows (Campinas, Porto Alegre)
MTV
Trabalho no vídeo ("Vinte e nove")
Stonewall
entrevistas (imprensa)

1º DE JULHO ↓
TURNÊ → **SP, BH**
Stonewall (imprensa)
TRABALHO AOS MONTES!

ADMIRÁVEL MUNDO NOVO

Em sua agenda de trabalho de 1993-4, Renato anota o conceito para um conto: »»» "ficção científica; uma mistura de reunião de aa com pregador e Admirável mundo novo — ideia de sonho". Ele parece estar se referindo à obra-prima de ALDOUS HUXLEY, *Admirável mundo novo*, romance distópico publicado em 1952 e um dos mais célebres e eficientes a tematizar Estados autoritários. O livro aparece em segundo lugar na lista de preferidos de que Renato consegue se lembrar.

No ano 632 d.F. (depois de Nosso Ford), ou 2540 do calendário gregoriano, Bernard Marx não se encaixa nas normas do Estado científico totalitário que rege um mundo supostamente ideal de consumidores anestesiados. Não há pai ou mãe: criados em laboratórios, os bebês são condicionados e doutrinados para ocupar determinados lugares na sociedade, dos Alfa, no topo, aos Delta e Ípsilon, na base da pirâmide. As obras de arte têm a única função de entreter e conformar. O pensamento criativo é proibido, assim como qualquer forma de afeto, monogamia, família, privacidade e religião. A única moral é a promiscuidade compulsória; a racionalidade e a ciência são idolatradas num sistema asséptico e uniformizado produzido em linhas de montagem. Aos desajustados como Bernard, a droga Soma deveria garantir a acomodação e a recreação. Mas ainda há uma Reserva Selvagem, um reduto do humanismo e da vida imperfeita onde Bernard poderá encontrar seu lugar.

ALDOUS HUXLEY (1894-1963) nasceu em Surrey, na Inglaterra, e morreu em Los Angeles, nos Estados Unidos. Estudou literatura inglesa em Oxford e escreveu os romances *Sem olhos em Gaza* (1936) e *A ilha* (1962), assim como das obras de não ficção *As portas da percepção* (1954) e *A situação humana* (1977), entre outros livros.

[LIVROS, ARTIGOS]

DESDE JANEIRO DE 1994 — LIVROS, ARTIGOS: (1º DE JANEIRO)

A PARTIR DE DEZEMBRO, POR VOLTA DO NATAL:

* favoritos

THE PURSUIT OF PLEASURE - Lionel Tiger (*A busca do prazer*) - leitura rápida completa, edição em português.

CONTOS DA CANTUÁRIA — Geoffrey Chaucer; "Conto do Frade", português & inglês - TAMBÉM: Mark Van Doren, COMENTÁRIO - *Great Books of the Western World Year Book: 1980.*

PASOLINI REQUIEM - Barth David Schwartz - leitura rápida, capítulos 22 ("THE TRILOGY OF LIFE"), 23 ("LUTHERAN LETTERS TO THE ITALIANS"), 24 ("THE COLLAPSE OF THE PRESENT, A QUESTION OF GRIEF"). Excertos: sobre *Teorema,* relação com Fellini, Ninetto, garotos & agora leitura detalhado de ponta a ponta. →

TRIÂNGULO DAS ÁGUAS - Caio Fernando Abreu, leitura rápida,
   PELA NOITE leitura rápida completa.

CAETANO. POR QUE NÃO? UMA VIAGEM ENTRE A AUTORA E A SOMBRA - Lucchesi/Dieguez, primeira parte leitura rápida completa, segunda parte detalhado de ponta a ponta.

HOMOSEXUAL - OPRESSION & LIBERATION - Dennis Altman - capítulos 1, 2, 3 detalhados; 4, 5, 6, 7 leitura rápida completa.

AS LEIS DA VIDA - Fay Weldon, leitura detalhada até a página 63.

LIES: THE WHOLE TRUTH - Carmine De Sena, leitura detalhada.

THE ROARING SILENCE: JOHN CAGE - A LIFE - David Revill - leitura rápida; excertos.

BISEXUALITY IN THE ANCIENT WORLD - Eva Cantarella - leitura rápida completa.

MEN ON MEN 3 - organizado por George Stambolian - leitura rápida.

POPULAR MECHANICS - Craig Lee
WHY I DO IT - Felice Picano
   Ambos leitura detalhada.

MUSIC AND THE MIND - Anthony Storr, leitura detalhada.

MEN ON MEN 4 - organizado por George Stambolian - leitura rápida.
"THE LITTLE TROOPER" - Manuel Igrejas
"THE VALENTINE" - Greg Johnson *

"INSIDE" - David Vernon *
"IF A MAN ANSWERS" - David B. Feinberg
   Todos leitura detalhada.

COLLECTED STORIES - Ruth Rendell - "fallen curtain"
   Leitura detalhada. *
THE GENIUS OF THE SYSTEM - Thomas Schatz, leitura rápida.

ARTIGOS:
"Steve Martin: The Man in the White Suit Rebels" ["Steve Martin: The Late
   Period"] - Adam Gopnik, revista *THE NEW YORKER*, 29 nov. 1993.
"Outing the Past" - Armond White; "Love in the Afternoon" - Thomas Beller;
   "Christopher Münch" - Robert Horton (sobre Swoon, vídeos domésticos de
   Rock Hudson e o filme *Horas e momentos*) - revista *FILM COMMENT*, julho-
   -agosto 92 (segunda leitura).
Tudo detalhado. *

6 DE JANEIRO
Acabei os dois: *INTIMACY BETWEEN MEN* - Driggs/Finn [John H. Driggs e Stephen
   E. Finn] e *COMING OUT WITHIN* - O'Neill/Ritter [Craig O'Neill e Kathleen Ritter],
   ambos leitura detalhada.

7 DE JANEIRO
"TRUE TRASH" - Margaret Atwood (conto)

10 DE JANEIRO
COLLECTED STORIES - Ruth Rendell
"People Don't Do Such Things"
"A Bad Heart"
"You Can't Be Too Careful"
"The Double"
"The Venus Fly Trap"
"The Clinging Woman"
(todos detalhados)

O JEITINHO BRASILEIRO: A ARTE DE SER MAIS IGUAL QUE OS OUTROS -
   LÍVIA BARBOSA (prefácio e introdução de leitura detalhada).

A VIDA CLARA: LINGUAGENS E REALIDADE SEGUNDO PASOLINI - MICHEL LAHUD,
"Pasolini e o Brasil"
(detalhado) excerto sobre "Teorema".

ARTIGOS:

"Of Muscles and Men" - An Anthropologist Examines Bodybuilding and Masculi-
nity in America" - ALAN M. KLEIN, em *THE SCIENCES*, nov./dez. 1993.
"The Philadelphia Experiment" - JESSE GREEN (sobre o filme de Tom Hanks sobre
aids), *PREMIERE*, JANEIRO 1994.

15 DE JANEIRO

A RAINHA DOS CONDENADOS

A HISTÓRIA DO LADRÃO DE CORPOS - Anne Rice
ambos leitura rápida completa e leitura detalhada
(história de gêmeos - RAINHA), (segunda metade - LADRÃO)

19 DE JANEIRO

Jericho - DIRK BOGARDE (capítulo 1)
A Misalliance - ANITA BROOKNER (c. 1, 2, 3)

20 DE JANEIRO

I, Me, Mine - GEORGE HARRISON
Roxy Music - JOHNNY ROGAN
Neil Young - Musical History - J. ROGAN
todos leitura detalhada, rápida.

24 DE JANEIRO

The Christopher Sreet Reader - [Charles Orleb e Thomas Steele Michael] -
excertos
Gay Spirituality - [Toby Johnson] - excertos

26 JANEIRO

Male Fantasies, v. 2 - Klaus Theweleit
Leitura rápida COMPLETA. Últimas 60 páginas detalhadas.

27 DE JANEIRO

Gay Sunshine Press True Stories (três volumes)
Leitura detalhada (encontros gays).

1º DE FEVEREIRO

SEXUAL DISSIDENCE - J. Dollimore
   Leitura rápida completa (outra vez).
THE NEW GROVE DICTIONARY OF OPERA
e: "*Parsifal*", "Wagner", "Opera", "R. Strauss", "*Arabella*"
PLOT - (The Elements of Fiction Writing) - Dibell [Ansen Dibell], leitura rápida (ou-
   tra vez).

8 DE FEVEREIRO

THE JESUS & MARY CHAIN - biografia italiana

17 DE FEVEREIRO

QUENTIN CRISP'S BOOK OF QUOTATIONS
PSYCHOTIC REACTIONS ETC - L. Bangs

22 DE FEVEREIRO

montão de revistas, especialmente *New Yorker* e *Vanity Fair.*

2 DE MARÇO

MEN ON MEN 4 - completo
WORLD ALMANAC - leitura rápida

THE CONSTRUCTION OF HOMOSEXUALITY - Greenberg [David Green berg] - leitura
   rápida (primeiros três capítulos, primeira parte, quase leitura detalhada)
   e outras coisas que não anotei por causa do trabalho em estúdio,
   mas não consigo lembrar.

1º DE MAIO

A MISALLIANCE - Anita Brookner
   Leitura detalhada.
MORRISSEY & MARR: THE SEVERED ALLIANCE - ROGAN [Johnny Rogan]
   Autobiografia de John Lydon - ambos leitura detalhada.
Devo ter lido outras coisas que não consigo lembrar.

30 DE MAIO

A TIRANIA DA MALÍCIA [Joseph H. Berke]
THE QUEEN'S THROAT [Wayne Koestenbaum] (detestei este aqui)
THE BEST LITTLE BOY IN THE WORLD [John Reid e Andrew Tobias]

todo tipo de artigos na imprensa sobre a morte de K. Cobain

BELLE ÉPOQUE TROPICAL [Jeffrey Needell]

SOLITUDE (Storr [Anthony Storr])

BEHIND THE OSCAR [Anthony Holden]

GENET (White [Edmund White]) - leitura rápida (primeiro capítulo)

& MONTES DE REVISTAS

New Yorker

Vox

Rolling Stone

Opera News

CD Player *

1º DE JULHO

OUTRA VEZ *Morrissey & Marr* [*Morrissey & Marr: The Severed Alliance*, de Johnny
    Rogan]

OUTRA VEZ Bob Dylan Shelton/Spitz [*No Direction Home: A vida e a música de Bob
    Dylan*, de Robert Shelton, e *Dylan: A Biography*, de Bob Spitz]

The Penguin Book of Homosexual Verse [Stephen Coote]

I. Asimov Humor Collection [*Isaac Asimov's Treasury of Humor*]

The Quotable Women [Elaine Bernstein Partnow]

Livros c/ citações sobre médicos

mulheres

aquele outro horrível livro de citações (o vermelho)

Tudo sobre o Oscar

Penguin Book of Opera em CD

Billboard's 100 No. 1's

Saturday Night at the Movies — Hoffman

& outras coisas que não lembro - montão de trabalho! (em turnê!)

COLLECTED STORIES, RUTH RENDELL

No começo dos anos 1990, Renato anota conto a conto a quais das *Collected Stories* de RUTH RENDELL dedicou uma leitura detalhada. O primeiro deles é "FALLEN CURTAIN", que, conforme anota em seu cronograma de trabalho, lhe dá uma ideia para um curta-metragem temático. Depois, ele segue lendo "PEOPLE DON'T DO SUCH THINGS", "A BAD HEART" e "YOU CAN'T BE TOO CAREFUL", entre outros. A edição lida por Renato provavelmente é a de 1988, da Pantheon, reunindo os livros *The Fallen Curtain* (1976), *Means of Evil* (1979) e *The Fever Tree* (1982), sendo que todos os contos apontados por ele fazem parte originalmente da primeira coletânea. Em sua maioria, os contos da autora foram publicados primeiro na ELLERY QUEEN'S MYSTERY MAGAZINE.

Muitas vezes chamada de rainha do crime, a autora inglesa Ruth Rendell (1930--2015) é conhecida por seus romances policiais, muitos com o inspetor Wexford como herói, e por criar personagens com perturbações psicológicas. Escreveu também sob o pseudônimo Barbara Vine.

LITERATURA SOBRE HOMOSSEXUALIDADE

O tema da homossexualidade foi ganhando atenção crescente de Renato Russo durante a segunda metade dos anos 1980 e ainda mais nos últimos anos de sua vida. Cada vez mais consciente da sua posição como figura pública, Renato discutiu o respeito à orientação sexual em muitas entrevistas e até mesmo dedicou um disco a essa causa, *The Stonewall Celebration Concert* (1994), fruto de muita pesquisa — não só de músicas para o repertório, mas sobre as várias e complexas faces desse debate, como revelam as diversas anotações em seus diários sobre estudos, pesquisas e obras de referência a respeito dessa temática. Mas Renato ainda foi além de "ler sobre" e declarou em 1990: »»» "As melhores coisas que eu li, ultimamente, são todas de autores gays".

>»»» "Eu tenho um livro chamado *The Celluloid Closet* [*O outro lado de Hollywood*]. O autor, Victor Rousseau, fez um levantamento de todos os personagens gays que já apareceram em filmes de Hollywood: 98% morrem, são sempre doentes, assassinos, psicóticos. Ou então é do tipo *Os rapazes da banda*, cheios de problemas, depressivos, querendo se matar. A vida não é assim. Pela primeira vez, existe uma literatura própria. Saiu até na *Folha de S.Paulo* um artigo sobre o DAVID LEAVITT, que é considerado um dos grandes, grandes novos nomes da literatura americana. Mas tem um que eu acho melhor ainda. Ele escreveu um livro que, em português, seria *O declínio irreversível de Eddie Socket* — um cara chamado John Weayne. Nunca um livro me bateu tanto quanto este — só *A montanha mágica*." (RR, ENTREVISTA A JOSÉ AUGUSTO LEMOS, *BIZZ*, JUNHO DE 1990)

COISAS A FAZER, GRANDES E PEQUENAS

Escrever para Julie, Flora, Fer & Leo, Roger — mandar presentes!

Pendurar os pôsteres

Limpar a casa

Mais livros na L. da Vinci

Redecorar!

Começar a economizar para casa nova

Viajar para TODO LUGAR quando sentir vontade

Não depender demais das outras pessoas

Encontrar mais gente como você

Voltar para a Ana Paula. (na verdade não é uma boa ideia)

Amor, Russ ♥

e: fazer *Stonewall* AO VIVO

   escrever novas canções

   TRABALHAR!

   comprar equipamento novo (& apartamento no andar de baixo?)

New Italian Artists:

→ Fabio Concato
Zucchero
Umberto Napolitano
I Gens
Roberto Soffici
Christian (brega) - voice
Mino Reitano - voice

COISAS A FAZER QUANDO ESTE PESADELO TERMINAR

Comprar apartamento (verificar a conta)
Planejar estúdio (& arranjar equipamento)

Para *Equilíbrio distante*: "Like a Lover"
                                    "Invencibili"

Checar capa c/ Egen
Trabalho de Gilda Mattoso

Arrumar decoração & mobília da casa
Livrar-se de cds, livros etc.
Abrir espaço na sala de CD
Arranjar novas prateleiras de CD

Começar a escrever canções & letras
Devolver vídeos

Nada de Ilga
& nada de viagem a Londres (até agora)

FOTOS C/ S. Generis

Consertar cozinha & aquecedor

Vida nova!

Fazer álbum solo (outro lado dele)

   c/ violão acústico e guitarra elétrica (alaúde, bandolim, sitar)
   piano
   cordas & teclados (orc. e ef.)
   percussão
   amostras de ritmos

O livro dos dias
"Certamente (Não existe amor errado)"

"Eu sou a tua morte"
uma canção sobre manipulação & negligência
um ator de TV pretensioso
um garoto que ninguém compreende
sobre aquelas duas VACAS (& seja bem cruel também)

CARDS / BOOKS

5530	(Celtic)	£ 3.95
6955	bookmark	"
3335	Latin books	14.95
9492	Lindisfarne paper	3.95
6895	Notecard wallet	2.95
2454	Sonnets	9.95
3877	Don't book	3.50
6705	Floral paper	4.50
7811	Notecards	3.99
1011	Cats calendar	6.95
5807	Period Details book	14.99
2904	Ill. Gospel	8.95
2281	Psalms	8.95

MÚSICA

merda pretensiosa
↓

que exigiu uma quantidade substancial de atenção & concentração*, ou, no caso de música ambiente, estado de espírito e resposta emocional.

*ou envolvimento total.

EM 1º DE JANEIRO DE 1994 (MAIS OU MENOS A PARTIR DA ÉPOCA DO NATAL)
* favoritas

COME ON, FEEL THE LEMONHEADS - The Lemonheads
(especialmente as seis primeiras faixas)
HANG ON SLOOPY/ YOU MAKE ME FEEL SO GOOD - The McCoys
RAY ANTHONY PLAYS FOR DREAM DANCING - Ray Anthony
ZEMLINSKY - *The String Quartets*
  "No. 1 in A Major, op. 4"
  "No. 2, op. 15"
  "No. 3, op. 19"
  "No. 4, op. 25"
  (também: APOSTEL - "No. 1, op. 7")
THE ENCHANTED ISLES - HARP MUSIC OF IRELAND, SCOTLAND, ENGLAND & WALES - Carol Thompson, harpas
***HIGHWAY 61 REVISITED AGAIN** - Bob Dylan (bootleg)
VIOLIN SONATAS - Chastain/Rieger [*Mozart/Beethoven: Violin Sonatas*, de Nora Chastain e Friedemann Rieger], violino e piano
  FAURÉ - *Sonata no. 1, op. 13*
  DEBUSSY - *Sonate für violine und klavier*
  HONEGGER - *Sonate*
***VERY** - Pet Shop Boys
MODERN LIFE IS RUBBISH - Blur *
SCHUBERT - *Forellenquintett A-dur op. 114, D 667*
  Streichquartett a-moll op. 29 "Rosamunde" D 804
  CASPAR DA SALO QUARTETT
CLUBE DA ESQUINA 2 - Milton Nascimento
("Canção amiga"; "Ruas da cidade")

WHERE THE MUSIC COMES FROM: *American Songs*
   Haymon/Jones, voz e piano.
      ("Come Ready & See Me"; "O You Whom I Often & Silently Come"; "Where
      the Music Comes From")
* "If You See Her, Say Hello" - BOB DYLAN (*Blood on the Tracks*)
* "Zueignung" - RICHARD STRAUSS (Lieder), Dietrich Fischer-Dieskau
DANSES DE LA RENAISSANCE - Clemencic Consort
BILLIE HOLIDAY - *THE LEGACY* - disco dois
SINTONIA DE AMOR - trilha sonora
(→ "Makin' Whoopee" - DR. JOHN/RICKIE LEE JONES)

5 DE JANEIRO
SCHUBERT - *Streichquintett C-Dur D 956*
EMERSON STRING QUARTET
SCHUBERT - *Oktett D 803* (Kremer/Van Keulen/Geringas/Brunner/
   Thunemann etc.)

6 DE JANEIRO
SCHUBERT - *Quartett D 87 & D 804** (*No. 10 & 13 - "Rosamunde"* —
MELOS QUARTETT
PURCELL: - CHAMBER MUSIC - London Baroque
"And So It Goes"* (também "Leningrad" & "We Didn't Start the Fire") -
   BILLY JOEL
"Somewhere" - **BARBRA STREISAND**

10 DE JANEIRO
O DESCOBRIMENTO DO BRASIL - Legião Urbana
* ***THIRTEEN*** - Teenage Fanclub
ERIK SATIE - "Je Te Veux" ("CARESSE", "PETITE MUSIQUE DE CLOWN TRISTE",
"RÊVERIE DU PAUVRE" et al.) - AKI TAKAHASHI
MAHLER - *Sinfonie nr. 9 D-dur*, "IV - Adagio" - WIENER PHILHARMONIKER,
Bruno Walter
SCHUBERT - *Symphonie Nr. 8 h-moll D 759* (*"Unvollendete"*)
"1. Allegro moderato", *Symphonie Nr. 9 c-dur D 944* - "1. Andante"
   Berliner Philharmoniker, KARL BÖHM
      "Der Leiermann"
      "Gute Nacht" - *Winterreise op. 89, D 911* (Wilhelm Müller), n°s 1 & 24.

DIETRICH FISCHER-DIESKAU/ALFRED BRENDEL
"Das Wandern" - Die schöne Müllerin, D 793 (Wilhelm Müller)
fischer-dieskau/moore
* **BRAHMS** - "Sapphische Ode op. 94, no. 4"- JESSYE NORMAN/
DANIEL BARENBOIM
* **BACH** - "Vergnügen und Lust, Cantata, bwv 197 No. 8", BATTLE/PERLMAN -
Orchestra of St. Luke's, NELSON
* **INCREDIBLE STRING BAND** - *The 5000 Spirits or The Layers of the Onion*
JANÁČEK - *Quatuor à cordes no 1 & no 2* - MELOS QUARTETT
* **BEETHOVEN** - *Quartet No. 12, Es-dur op. 127* - ALBAN BERG QUARTETT
TCHAIKOVSKY - *String Quartet No. 1 in D, op. 11*
String Quartet No. 2 in f, op. 22
BORODIN STRING QUARTET
BERG - *"Lulu"-Suite*, "1. RONDO. ANDANTE" - Claudio Abbado, LONDON
SYMPHONY ORCHESTRA
* **WEBERN** - *Quintet for Strings & Piano* *
"Rondo for String Quartet"
LA SALLE QUARTET, Stefan Litwin - piano
"Niña y Viña" - *Weltliche Musik im Christlichen Spanien* - HESPÉRION XX
BEETHOVEN - *Trio No. 1, Es- dur Op. 1, No. 1* ("Allegro"), *Trio No. 7 in B-dur op. 97*
"Archduke" ("Allegro moderato") - BEAUX ARTS TRIO
MOZART - *Quartet No. 1 G-dur, k. 80* ("Adagio"), *Quartet No. 19 C-dur "Dissonance"*
("Adagio")

"1º DE JULHO" - RUSSO (C/ CARLOS TM - TECLADOS) Δ
MENDELSSOHN - *Sonata in E Major, Op. 6*
Sonate écossaise, op. 28
Caprices, op. 16
Andante & Rondo in E Major, op. 14 - LIDIA ARTYMIW - piano
WEISS - "Prélude In D Major"
"Capricio In D Major"
"Fantasia In C Major"
"Preludio In E-flat Major"
Suite In B-flat Major
Suite In D Minor
Lutz Kirchhof - **LUTE**
Serenades for String Orchestra - ORPHEUS CHAMBER ORCHESTRA
Dvořák, op. 22, Elgar, op. 20, Tchaikovsky, op. 48

* **TEENAGE FANCLUB** - *Bandwagonesque*

FAURÉ - *Nocturnes*, "1-11" - JEAN-PHILIPPE COLLARD

* "Dolcissima Maria" - PREMIATA FORNERIA MARCONI

* "Superman's Song"

* "The Ghosts that Haunt Me" - CRASH TEST DUMMIES

TANGERINE DREAM - *Zeit*

BOB DYLAN - *World Gone Wrong*

NIRVANA - *In Utero*

* **THE STONE ROSES** - *The Stone Roses*

* "Sexuality" - BILLY BRAGG

Canções do setlist do *Stonewall Celebration Concert*

20 DE JANEIRO

NIRVANA - *Nevermind* (seis primeiras canções - especialmente
   "Breed" & "Polly")

24 DE JANEIRO

DON'T TRY THIS AT HOME - Billy Bragg

(outra vez & mais outras)

27 DE JANEIRO

BOB DYLAN - *England, May 1966* [*Live in England, May 1966*]

* **CAT STEVENS** - coletânea

* **BURT BACHARACH** - coletânea

* "No Other" - GENE CLARK (faixa)

* "Montague Terrace (in Blue)" - SCOTT WALKER (faixa)

THE BOB DYLAN/SONGBOOK - vários artistas

* ***NORTH COUNTRY MAID*** - Marianne Faithfull (oito primeiras faixas)

* ***COUNTRY LIFE*** - Roxy Music

Canções do *Stonewall Celebration Concert* & gravações de ensaios
outra vez ("Vinte e nove", "Perfeição" duas vezes)

CRUISING W/ RUBEN & THE JETS - F. Zappa

1º DE FEVEREIRO

DOWNLAND - *Third Booke of Songs*

* **BOB DYLAN** - *Blood on the Tracks*

GÖTTERDÄMMERUNG, Richard Wagner - Herbert von Karajan (disco um)

4 DE FEVEREIRO

"DANCES FROM TERPSICHORE" - quatro versões diferentes:

    Munrow

    Ulsamer

    Pickett

    Calliope

STONEWALL - em vinil, inc. * "Yes, I Am Blind" - MORRISSEY, bandas de mulheres, SILOS, LOS LOBOS, JONATHAN RICHMAN & THE MODERN LOVERS, * "Kid" - THE PRETENDERS, * "Deadbeat Club" - B-52's, * "STAY FREE" - The Clash, * "Switch" - SIOUXSIE & THE BANSHEES, * "St. Swithin's Day" - BILLY BRAGG

SCHUBERT - Impromptus (BRENDEL)

"Miss Celie's Blues" - *A COR PÚRPURA* (trilha sonora)

* "More Fool Me" - GENESIS

* Songs - LEONARD COHEN

"Night Comes On" - LEONARD COHEN

* "Cherish" - MADONNA

"Too Many of My Yesterdays" - PETER HAMMILL

* "I Knew I'd Want You" - BYRDS

* "Handle with Care" - WILBURYS [Traveling Wilburys]

*** DR. DOLITTLE** - trilha sonora

(& outros, estes são os que se destacam)

outra vez ("For Tomorrow" - outra vez & mais outras)

8 DE FEVEREIRO

HINDEMITH: Piano Works vol. 3

* Van Dyke Parks - *Song Cycle*

Tim Buckley - *Happy Sad*

The Sound of Speed - THE JESUS AND MARY CHAIN

canções de *Stonewall*

ARETHA FRANKLIN - *The Queen of Soul* (cd 4)

17 DE FEVEREIRO

RAVI SHANKAR - *Ragas*

RAM - Paul McCartney

* **"GIPSY MOTH"** - Keith Jarrett

as canções de *Stonewall* (outra vez & mais outras)

MENDELSSOHN STRING QUARTETS - *Op. 13, 12, 80 - Quatuor Ysaÿe*

tentei escutar jazz, mas não gosto de jazz.

* **CHARPENTIER** - *David et Jonathas*

& montes de vinil - happy world, cavemen etc., até mesmo LOU REED (que me
   deprimiu) & não consegui achar meu exemplar de *Station to Station*, de Bowie.
   & algumas outras coisas que não consigo lembrar.

22 DE FEVEREIRO

KEITH JARRETT - *Sun Bear Concerts*

RAVI SHANKAR/PHILIP GLASS - *Passages*

ALI AKBAR KHAN - *Journey*

MÚSICA TRADICIONAL ÁRABE

MOHIUDDIN DAGAR - *Raga Yaman*

Canções de *Stonewall*

OSCAR PETERSON & NELSON RIDDLE

OSCAR PETERSON - *Motions & Emotions*

2 DE MARÇO

22 ↓

coisas em vinil; **MOZART QUARTETS** - (completo) discos 1, 2 & 3
   (Quartetto Italiano)

Na maior parte do tempo fitas de *Stonewall* (muito)

* **NICK DRAKE** - *Time of No Reply*

trechos & pedacinhos, doo-wop dos anos 50

9 DE MARÇO

FLYING BURRITO BROS. - "Hot Burrito# 1"

ROXY MUSIC - *Siren*

canções de *Stonewall*

BABYSITTERS - "Paper of Pins"

26 DE MARÇO

Mozart (bastante)

Música barroca

Terpsichore

Dusty Springfield

Fauré

canções de *Stonewall*

C, S, N & Y [Crosby, Stills, Nash & Young]

Incredible String Band

1º DE MAIO

Dusty Springfield

Incredible String Band

* **BACH:** *Cello Suites* (Casals, 1936)

Rachid Taha

& pop árabe

Blonde on Blonde — **DYLAN**

Wilson Phillips

Mud Slide Slim [Mud Slide Slim and the Blue Horizon] — James Taylor

Metal Box — **PiL**

todo tipo de música clássica & todos

quartetos de Barber/Ives

Segunda Escola de Viena

& tudo

5 DE MAIO

Fairport Convention

Dusty

Brian Eno

Walter Brothers

Stonewall (completo)

30 DE MAIO

DVOŘÁK - quartetos

BEETHOVEN - trios de piano

MOZART - quartetos

* **INCREDIBLE STRING BAND** (*Wee Tam & the Big Huge*)

FAIRPORT CONVENTION

BRIAN ENO

* **SCHUBERT** - quartetos

THE CHIFFONS

Beck - "Loser"

Rollins Band - *Liar*

PETER, PAUL & MARY

GRASS ROOTS

JEFFERSON AIRPLANE

MUITO → The Byrds - *Notorious Byrd Brothers* *

BACH - *Suites* (violoncelo; violão)

THOMAS HAMPSON (Bizet)
BRAHMS (quartetos)
SCHUMANN - *Sonate/Fantasie* (Pollini)
BUTTERWORTH - "There Is a Willow..." ["There Is A Willow Grows Aslant A Brook - Impression"]
RAW POWER - Stooges
A. O. R. - Bread, Carpenters, James Taylor, trilha sonora de *Os jovens pistoleiros*, B. SPRINGSTEEN - *The River, Born to Run,* Wilson/Phillips
Ill Communication - BEASTIE BOYS (ECA)
* **HARPERS BIZARRE 4**
WALKER BROTHERS
etc. (não consigo lembrar)

1º DE JULHO
* **BECK** - *Mellow Gold*
CRASH TEST DUMMIES - segundo
* *STONEWALL* - bastante
* *O DESCOBRIMENTO DO BRASIL*
PATO FU
RAIMUNDOS
CHICO SCIENCE
 * Bach - *SUITES* (violão - Casals)
 * Beethoven - *op. 127*
 * Schumann - sonatas (piano)
 * Brahms - quartetos
 Villa-Lobos - quartetos
 * *Notorious Byrd Brothers*
 * *La Morte d'Orfeo* (Landi)
 * Incredible String Band
 * Robin Williamson - harpa celta
 * Brian Eno - *Music for Airports* [Ambient 1: Music for Airports]
 King Crimson - **LIVE BOX AO VIVO**
 Bob Dylan - **BOOTLEGS**
           * ***BLONDE ON BLONDE***
           NASHVILLE SKYLINE
 * Joni Mitchell - *HEJIRA*
 Baroque Music of Bologna
 "La Lettera Amorosa"

* *Parsifal* (**JORDAN**)
* The Mamas & the Papas - *DELIVER* [*The Mamas & the Papas Deliver*]
* *Harpers Bizarre 4*

ROLLINS BAND - *Weight*
HOLE - *Live Through This*
COUNTING CROWS - primeiro
JAZZ DOS ANOS 30 (Teddy Wilson etc.)
& muitas outras coisas que não consigo lembrar
Beethoven / Mendelssohn - sonatas para violoncelo
Schubert (*Fierrabras*), Mozart (quartetos), Debussy, Ravel (quartetos)

THE INCREDIBLE STRING BAND, *THE 5000 SPIRITS OR THE LAYERS OF THE ONION*

Não à toa THE INCREDIBLE STRING BAND aparecia sempre entre as favoritas de Renato. Embora seja menos conhecida entre as grandes bandas dos anos 1960, foi uma das precursoras do folk psicodélico, influenciando **BOB DYLAN**, **BEATLES**, **ROLLING STONES** e Led Zeppelin. Partiram da música folk irlandesa e deram os primeiros passos em direção à *world music* — trazendo sonoridades da Índia, da Bulgária, do Afeganistão e do Marrocos — mais de uma década antes de esse termo ser cunhado. Era a trilha perfeita para o movimento hippie que surgia. *THE 5000 SPIRITS OR THE LAYERS OF THE ONION*, de 1967, segundo álbum da banda, foi considerado por **DAVID BOWIE** um dos melhores álbuns de todos os tempos.

"SWITCH", SIOUXSIE AND THE BANSHEES

A banda de SUSAN BALLION, mais conhecida como Siouxsie Sioux, surgiu na cena inglesa em 1976 — próxima ao punk, mas apontando novos caminhos. O principal parceiro de Siouxsie foi o baixista Steven Severin, numa banda que teve diversas formações durante duas décadas de atividade, incluindo SID VICIOUS (antes dos SEX PISTOLS) e Robert Smith (paralelamente ao THE CURE). Desde então, não houve pickup de rock que deixasse de tocar a voz única de Siouxsie e o som pesado e dançante de sua banda em faixas como "Cities in Dust", "Christine", sua versão para "The Passenger" (de IGGY POP) e tantos outros sucessos emplacados pelo grupo.

"Switch", faixa do primeiro álbum da banda, *The Scream* (1978), sem dúvida ajuda a entender por que SIOUXSIE AND THE BANSHEES, ao colocar uma voz feminina no primeiro time do pós-punk, tornou-se uma das bandas mais influentes do rock dali em diante.

> »»»» "Se vocês são tão importantes e rock 'n' roll é tão vulgar, por que falam tanto de rock 'n' roll? Por que precisa citar Adorno e Walter Benjamin para provar que não vale a pena falar disso?" (RR, ENTREVISTA A BIA ABRAMO, *BIZZ*, ABRIL DE 1986)

BOB DYLAN

Quem ouviu HIGHWAY 61 REVISITED à época do lançamento, em 1965, talvez não imaginasse que dali a cinquenta anos aquele cantor ganharia o prêmio Nobel de literatura, mas decerto percebeu estar diante de um disco e de um músico absolutamente raros. O sexto disco de Robert Allen Zimmerman, então com 24 anos, começava com nada menos que "Like a Rolling Stone" e, por mais que os sucessos anteriores autorizassem uma grande expectativa em torno de BOB DYLAN ("Blowin' in the Wind", "THE TIMES THEY ARE A-CHANGIN'", "MR.

TAMBOURINE MAN", entre outros), *Highway 61 Revisited* foi recebido como um disco que, além de fazer avançar a carreira de Dylan, passava a música de seu tempo para outro patamar. Dylan assumiu-se de vez como o poeta de sua geração, e suas canções passaram a ser a grande expressão dos impasses de seu tempo.

Renato Russo foi fã de Dylan desde muito cedo. É famosa a sua fase como Trovador Solitário, depois do término do Aborto Elétrico, em que se apresentava apenas com violão e voz recitando letras longas, algumas sem refrão, à maneira de Dylan. O ponto alto dessa fase, sem dúvida, é "Faroeste caboclo". Tempos depois, no álbum *The Stonewall Celebration Concert*, Renato gravou uma versão de "IF YOU SEE HER, SAY HELLO" (de *Blood on the Tracks*, 1975), trocando o "her" ("ela", no original) por "him" (ele), dentro do clima do disco todo dedicado à luta contra a perseguição à comunidade gay.

If You See Him, Say Hello

If you see him, say hello, he might be in Tangier
He left here last early spring, is livin' there, I hear
Say for me that I'm all right though things get kind of slow
He might think that I've forgotten him, don't tell him it isn't so.

We had a falling-out, like lovers often will
And to think of how he left that night, it still brings me a chill
And though our separation, it pierced me to the heart
He still lives inside of me, we've never been apart

I see a lot of people as I make the rounds
And I hear his name here and there as I go from town to town
And I've never gotten used to it, I've just learned to turn it off
Either I'm too sensitive or else I'm getting' soft

Sundown, yellow moon, I replay the past
I know every scene by heart, they all went by so fast

If he's passin' back this way, I'm not that hard to find
Tell him he can look me up if he's got the time

Se passar por ele, mande um oi

Se passar por ele, mande um oi, ele pode estar em Tânger
É a cidade do outro lado do mar, não muito longe daqui
Diga por mim que eu estou legal apesar de estar tudo meio devagar
Ele pode pensar que eu me esqueci dele. Não diga que não.

A gente se desentendeu, como às vezes acontece com quem se ama
Mas pensar em como ele foi embora naquela noite me faz sofrer demais
E apesar de a nossa situação ter me machucado até o osso
Tenho que achar alguém pra ficar no lugar dele. Eu não gosto de estar só

Vejo muita gente enquanto faço a ronda
E ouço o nome dele aqui e ali enquanto vou de cidade em cidade
E nunca me acostumei com isso, eu só aprendi a desligar
Seus olhos eram azuis, seu cabelo também, sua pele era doce e macia

Sol posto, lua amarela, eu reenceno o passado
Conheço de cor cada cena, passaram todas tão rápido
Se ele estiver passando por aqui, e eu espero mesmo que não esteja
Diga que ele pode me procurar. Pode ser que eu esteja aqui, pode ser que não

VÍDEO

A PARTIR DE 30 DE DEZEMBRO, ENTRANDO EM 1994, EM DIANTE

Todos foram vistos até o fim ou são de especial interesse, conforme mencionado (excertos & outros); situações em que o vídeo estava passando e/ou não foi visto ativamente não estão na lista.

* favoritos

IDÍLIO EM DÓ-RÉ-MI (1942) - dir.: Busby Berkeley - c/ Judy Garland, Gene Kelly
(vídeo) - 104 min. O.k.

5 DE JANEIRO

COMO VENCER NA VIDA SEM FAZER FORÇA (1967) - Robert Morse. Bobo.
* *DARLING - A QUE AMOU DEMAIS* (1965) - dir.: John Schlesinger -
c/ Julie Christie, Dirk Bogarde. Viagem pelos anos 60, por vezes fascinante.
* *SAILOR IN THE WILD* (1983) - dir.: William Higgins. Uau!
BILLY JOEL: SHADES OF GREY (1993) - 78 min. Pretensioso & chato.

12 DE JANEIRO

NOITES VIOLENTAS NO BROOKLYN (1989) - dir.: Ulrich Edel - c/ Jennifer Jason
Leigh. Muito bom, mas deprimente; violência contra gays.
* *A VOLTA DE ROXY CARMICHAEL* (1990) - dir.: Jim Abrahams - c/ Winona Ryder, Jeff
Daniels. Maravilhoso!
STARS & BARS (1988) - dir.: Pat O'Connor - c/ Daniel Day-Lewis.
Bobinho (aparece meio que um sósia do Scott).

14 DE JANEIRO

O PLANETA DOS MACACOS (1968) - c/ Charlton Heston (primeiro lado
do laserdisc) & lado dois.

19 DE JANEIRO

UM MISTERIOSO ASSASSINATO EM MANHATTAN (1993) - dir.: Woody Allen —
c/ Diane Keaton, Alan Alda. O.k., mas não muito (cinema).

20 DE JANEIRO

SPLENDOR - dir.: Ettore Scola - c/ M. Mastroianni
FRANKENSTEIN - O MONSTRO DAS TREVAS - dir.: Roger Corman - c/ John Hurt,
Bridget Fonda.

THE RAGGEDY RAWNEY - Bob Hoskins (dir., at.)

MARTIN - dir.: George A. Romero

AS IDADES DE LULU — dir.: Bigas Luna

THE COMPLEAT BEATLES - doc. (passada de olho completa)

24 DE JANEIRO

DER PHILOSOPH

GAROTA SINAL VERDE - dir.: Rob Reiner - c/ John Cusack

LEMBRANÇAS PERIGOSAS

HOW TO GET AHEAD IN ADVERTISING (esquisito)

NAMORADOS POR ACASO

PARA SEMPRE LULU - c/ Hanna Schygulla (?)

JABBERWOCKY - UM HERÓI POR ACASO

AS AMAZONAS NA LUA (bacana)

27 DE JANEIRO

* *ART IN THE THIRD REICH* - documentário da BBC, partes 1 & 2.

29 DE JANEIRO

* *O GAROTO SELVAGEM* (1970) - dir.: Truffaut

ELGAR, de Ken Russell (1962). Muito bacana

30 DE JANEIRO

FIQUE LIGADO EM PARANOIAS PARABÓLICAS - John Ritter (dir.)

LA CLEMENZA DI TITO - Mozart (lados 1 & 2)

ARABELLA - R. Strauss (primeiro ato)

1º DE FEVEREIRO

JOHNNY SUEDE - c/ Brad Pitt (eca)

* *PERDIDOS NA ÁFRICA* - dir.: Ettore Scola

UM AMOR EM CHINATOWN - filme chinês (bacana)

PROIBIDO AMAR - baseado na peça de Neil Simon; c/ Mercedes Ruehl
   (não tão bom)

4 DE FEVEREIRO

ORLANDO - A MULHER IMORTAL - c/ Quentin Crisp

VAN GOGH - filme francês (ambos o.k.)

8 DE FEVEREIRO

BEFORE STONEWALL (doc.)

YEAR OF THE COMET - c/ Tim Daly

ASHKENAZY OBSERVED (doc.)

"Walking Distance" - [episódio da série] ***ALÉM DA IMAGINAÇÃO***

PAPAI POR ACASO - dir.: Sturges (1943)

OS PERIGOS DE PAULINA (1914) - cap. 1

17 DE FEVEREIRO

alguns curtas-metragens

NA MIRA DA MORTE - dir.: Bogdanovich (desconfortável)

DIE WALKÜRE, reg.: Boulez (lado um)

2 DE MARÇO

AINDA TE PEGO - c/ Max Parrish (superlegal)

MAR DE DESEJOS - chato

MY NEW SUN - bacana

A SAUNA DAS LOUCAS - c/ Treat Williams (superlegal)

CÔNICOS E CÔMICOS - muito divertido

MODESTY BLAISE - metido a besta & um pouco chato

Deve ter outros, mas não anotei, então esqueci; nada relevante, com certeza.

   O episódio "Kick the Can", de *Além da imaginação*, Ute Lemper etc.

9 DE MARÇO

O ÚLTIMO GRANDE HERÓI

CORPOS EM MOVIMENTO

   ambos muito bons

MORRENDO E APRENDENDO - Robert Downey Jr. é meio que superlegal.

A LOUCA LOUCA HISTÓRIA DE ROBIN HOOD

KALIFORNIA - UMA VIAGEM AO INFERNO

EQUINOX

AMOR À QUEIMA-ROUPA

   todos horríveis

                                          * ***LUDWIG*** favorito sempre

26 DE MARÇO

A NOITE QUE NUNCA NOS ENCONTRAMOS - c/ Kevin Anderson (superfofo)
    & Matthew Broderick (muito engraçado)
VEM DANÇAR COMIGO - caricato e divertido
MUITO BARULHO POR NADA - uma chatice
UM SONHO, DOIS AMORES - filme chato c/ o R. Phoenix
ESSE MUNDO É DOS LOUCOS - não é tão bom
O BELO SEXO ETC. - bocejo.
TOP GANG 2! A MISSÃO - muito bobo mas um pouco bacana.
A LEI DO DESEJO - dir.: Almodóvar - ÓTIMO!

1º DE MAIO

muita coisa
SOLDADO UNIVERSAL (c/Van Damme - superlegal)
DISTRAÇÃO FATAL (idiota, mas engraçado) - muita coisa que eu
    não consigo lembrar
realmente trabalhando muito.
COMO ÁGUA PARA CHOCOLATE - gostei.

O que mais? Nada interessante, receio.

THE SNAPPER, de Stephen Frears ****
CAMINHOS CRUZADOS (de novo) comovente

30 DE MAIO

O PIANO
A LIBERDADE É AZUL
    ambos chatos

A FAMÍLIA BUSCAPÉ
UMA BABÁ QUASE PERFEITA
Aquele filme idiota do Michael J. Fox (*POR AMOR OU DINHEIRO*, acho)
UM AMOR DE VERDADE
ANOS INCRÍVEIS um episódio bacana
provavelmente alguma outra coisa que não lembro

1º DE JULHO
BELLE ÉPOQUE (SEDUÇÃO) ****
ZERO DE CONDUTA - dir: Vigo
porcarias em vídeo que não vale a pena mencionar (lixo de Hollywood)
um filme de Percy Adlon (*ESCRITO NAS ESTRELAS*) não tão bom
ALGUÉM PARA DIVIDIR OS SONHOS
O PODEROSO CHEFÃO III legal
O BOULEVARD DO CRIME (de novo) ****
DUAS INGLESAS E O AMOR
QUANTO MAIS IDIOTA MELHOR 2

um montão de outras coisas que não lembro
(trabalho! Anotar o que você assiste quando assiste, senão você esquece)

THE SNAPPER, STEPHEN FREARS
Filme irlandês feito para a TV e lançado no cinema em 1993, bem na época em que Renato estava listando tudo o que via, THE SNAPPER foi traduzido no Brasil como *A grande família*. O longa conta a história de uma jovem solteira que engravida e decide não revelar a ninguém quem é o pai. É o segundo da trilogia Barrytown, que, iniciada com *The Commitments: Loucos pela fama*, em 1991, e encerrada com *O caminhão*, em 1996, foi adaptada da obra literária do irlandês Roddy Doyle e dirigida por Alan Parker (primeiro filme) e por STEPHEN FREARS (dois últimos filmes). Nascido em 1941 na Inglaterra, Stephen Frears é diretor de filmes como *Ligações perigosas* (1988), *Alta fidelidade* (2000) e *A rainha* (2006).

Daniel Day Lewis won the Oscar while I was telling Grandma about being gay.

It's the gay nineties & it's about fucking time.

♡

CRÉDITOS

Os manuscritos e as capas de cadernos, discos e livros são do acervo de Renato Russo — preservado pela equipe do Centro de Memória e Informação do Museu da Imagem e do Som (CEMIS) — e foram reproduzidos por Marcos Vilas Boas no MIS, em São Paulo.

IMAGENS

pp. 21 (acima), 28 (acima), 33 (abaixo), 34 (acima), 36, 38, 39 (abaixo), 56, 60 (acima), 66 (abaixo), 72, 75 (acima), 77, 81 (acima), 84 (abaixo, à direita), 92 (ao centro), 100, 104, 108 (abaixo), 109 (ao centro e abaixo), 111 (acima e abaixo), 113, 126, 129, 131 (acima e ao centro), 140 (abaixo), 141, 149 (ao centro e abaixo, à esquerda), 151 (ao centro), 159 (abaixo), 179 (abaixo), 186: Fotoarena

pp. 23 (acima), 26 (acima), 27, 28 (abaixo), 39 (ao centro), 42, 43, 45, 59, 66 (acima), 70 (acima), 74 (abaixo), 82, 92 (abaixo), 93, 105, 108 (acima e ao centro), 109 (acima), 110 (abaixo), 111 (ao centro), 114, 118, 149 (acima), 151 (acima), 165 (abaixo), 166 (acima), 178 (ao centro), 179 (acima): Getty Images

pp. 32 (acima), 34 (abaixo), 60 (abaixo), 78, 79, 81 (abaixo): Shutterstock

p. 84 (acima, à direita): Acervo Fundação Casa de Rui Barbosa/ Arquivo-Museu de Literatura Brasileira. Fundo Carlos Drummond de Andrade.

MÚSICAS

The Mamas and The Papas, "California Dreamin'" (John Phillips/Michelle Phillips), *If You Can Believe Your Eyes and Ears*, Dunhill Records, 1965.

The Rolling Stones, "Honky Tonk Women" (Jagger/Richards), *Honky Tonk Women*, Decca, 1969.

The Beatles, "In My Life" (Lennon/McCartney), *Rubber Soul*, Parlophone, 1965.

Magazine, "Parede" (Barry Adamson/Dave Formula), *Real Life*, Virgin, 1978.

Kate & Anna McGarrigle, "Heart Like a Wheel" (Anna McGarrigle), *Kate & Anna McGarrigle*, Warner Bros., 1976.

The Velvet Underground, "After Hours" (Lou Reed), *The Velvet Underground*, MGM, 1969.

PIL, "Public Image", *Public Image: First Issue, Virgin*, 1978.

Joni Mitchell, "The Last Time I Saw Richard" (Mitchell), *Blue*, Reprise, 1971.

Bob Dylan, "If You See Him, Say Hello" (Dylan), *Blood on the Tracks*, Columbia, 1975.

REFERÊNCIAS BIBLIOGRÁFICAS

ABBATE, Carolyn; PARKE, Roger. *Uma história da ópera: Os últimos quatrocentos anos.* Trad. de Paulo Geiger. São Paulo: Companhia das Letras, 2015.

ALTMAN,Robert. *Robert Altman: Interviews.* Jackson, MA: University Press of Mississippi, 2000.

ANDRADE, Carlos Drummond de. *Sentimento do mundo.* São Paulo: Companhia das Letras, 2012.

ASSAD, Simone. *Renato Russo de A a Z: As ideias do líder da Legião Urbana.* Campo Grande: Letra Livre, 2000.

AUDEN, W. H. *Poemas.* Trad. de José Paulo Paes. São Paulo: Companhia das Letras, 2013.

BRONSON, Fred. *The Billboard Book of Number One Hits.* Nova York: Billboard Books, 1992.

EBERT, Roger. "Shelley Duvall Was Ripe for Role of Olive". *The New York Times,* Nova York, 4 jan. 1981.

HESSE, Hermann. *O lobo da estepe.* 21. ed. Trad. de Ivo Barroso. Rio de Janeiro: Record, 1989.

KROHN, Bill; DUNCAN,Paul (Orgs.). *Luis Buñuel: Filmografía completa.* São Paulo: Taschen, 2005.

MANN, Thomas. *A morte em Veneza & Tonio Kröger.* Trad. de Herbert Caro e Mario Luiz Frungillo. São Paulo: Companhia das Letras, 2015.

PESSOA, Fernando. *Poesia — Alberto Caeiro.* São Paulo: Companhia das Letras, 2001.

ROMANOWSKI, Patricia; GEORGE-WARREN, Holly (Orgs.). *The Rolling Stone Encyclopedia of Rock & Roll.* Nova York: Simon & Schuster, 2001.

RUSSO, Renato. *Só por hoje e para sempre: Diário do recomeço.* São Paulo: Companhia das Letras, 2015.

_____. *The 42nd st. Band: Romance de uma banda imaginária.* São Paulo: Companhia das Letras, 2016.

SALINGER, J. D. *O apanhador no campo de centeio.* 18. ed. Trad. de Álvaro Alencar, Antônio Rocha e Jório Dauster. Rio de Janeiro: Editora do Autor, 2006.

VASCO, Julio. *Conversações com Renato Russo.* Campo Grande: Letra Livre, 1997.